中国工会十八大报告
辅导读本

中华全国总工会　编

中国工人出版社

图书在版编目（CIP）数据

中国工会十八大报告辅导读本 / 中华全国总工会编．—
北京：中国工人出版社，2023.10
ISBN 978-7-5008-8266-4

Ⅰ．①中…　Ⅱ．①中…　Ⅲ．①中国工会代表大会－文件－学习参考资料
Ⅳ．①D412.3

中国国家版本馆 CIP 数据核字（2023）第 176483 号

中国工会十八大报告辅导读本

出 版 人　董　宽
责任编辑　孟　阳　李思妍
责任校对　张　彦
责任印制　栾征宇
出版发行　中国工人出版社
地　　址　北京市东城区鼓楼外大街45号　邮编：100120
网　　址　http://www.wp-china.com
电　　话　（010）62005043（总编室）
（010）62005039（印制管理中心）
（010）62382916（工会与劳动关系分社）
发行热线　（010）82029051　62383056
经　　销　各地书店
印　　刷　北京市密东印刷有限公司
开　　本　660毫米×960毫米　1/16
印　　张　14
字　　数　155千字
版　　次　2023年10月第1版　2023年12月第2次印刷
定　　价　39.00元

目　　录

以习近平新时代中国特色社会主义思想为指导 组织动员亿万职工为强国建设民族复兴团结奋斗

——在中国工会第十八次全国代表大会上的报告

（2023 年 10 月 9 日）

王 东 明

各位代表，同志们：

现在，我代表中华全国总工会第十七届执行委员会向大会作报告，请予审议。

中国工会第十八次全国代表大会，是在我国迈上全面建设社会主义现代化国家新征程、向第二个百年奋斗目标进军的关键时刻召开的一次十分重要的大会。大会的主题是：坚持以习近平新时代中国特色社会主义思想为指导，全面贯彻党的二十大精神，深入贯彻习近平总书记关于工人阶级和工会工作的重要论述，全面落实全心全意依靠工人阶级根本方针，忠诚履职、勇于担当，组织动员亿万职工为全面建设社会主义现代化国家、全面推进中华民族伟大复兴团结奋斗。

一、新时代我国工运事业的发展和过去五年的工作

党的十八大以来，以习近平同志为核心的党中央始终

关心关爱工人阶级，高度重视并有力领导推进党的工运事业和工会工作。习近平总书记每逢“五一”国际劳动节都以不同方式向职工群众致以节日祝贺，每到一地考察都深入基层看望劳动模范、慰问职工群众，亲临全总机关与劳模代表座谈，多次给劳模和一线职工等回信，向首届大国工匠创新交流大会致贺信，领导召开党的历史上第一次中央党的群团工作会议，亲自谋划指导产业工人队伍建设改革和工会改革，为党的工运事业和工会工作领航掌舵、把关定向。亿万职工群众牢记习近平总书记和党中央的殷殷嘱托，坚定不移听党话、跟党走，诚实劳动、勤勉工作，锐意创新、敢为人先，汇聚起奋进新时代的磅礴力量，在打赢脱贫攻坚战、全面建成小康社会、统筹推进疫情防控和经济社会发展、有效应对风险挑战中发挥了重要作用。在这一伟大历史进程中，我国职工队伍不断壮大，素质持续提高，精神面貌焕然一新，创新创造成绩斐然，展示出我国工人阶级团结奋斗的时代风采。

中国工会十七大以来，我们坚持以习近平新时代中国特色社会主义思想为指导，深入贯彻习近平总书记关于工人阶级和工会工作的重要论述，围绕中心、服务大局，积极进取、勇担责任，聚焦主责主业、坚持改革创新，保持和增强政治性、先进性、群众性，推动各项工作取得新进展新成效，奋力谱写了党的工运事业和工会工作新篇章。

——全面学习贯彻习近平新时代中国特色社会主义思想，坚定拥护“两个确立”、坚决做到“两个维护”。坚持把学习贯彻习近平新时代中国特色社会主义思想作为首要政治任务，完善理论学习制度，扎实开展“不忘初心、牢记使命”主题教育、党史学习教育、学习贯彻习近平新时代中国特色社会主义思想主题教育，坚持不懈用党的创新理论统一思想、统一意志、统一行动。深入贯彻习近平总书记关于工人阶级和工会工作的重要论述，推动公开出版《习近平关于工人阶级和工会工作论述摘编》，定期召开学习贯彻重要论述理论研讨会，形成学习贯彻党的工运创新理论的制度性安排，深刻领悟“两个确立”的决定性意义，增强“四个意识”、坚定“四个自信”、做到“两个维护”。

——大力加强思想政治引领，团结引导职工群众听党话、跟党走。认真履行政治责任，推动习近平新时代中国特色社会主义思想进企业、进车间、进班组，走近职工身边、走进职工心里。推动理想信念教育进一步常态化制度化，开展党史、新中国史、改革开放史、社会主义发展史宣传教育，加强红色工运资源的挖掘保护和管理运用，命名一批全国职工爱国主义教育基地。广泛开展“中国梦·劳动美”主题宣传教育，每年发布全国“最美职工”，推动全社会大力弘扬劳模精神、劳动精神、工匠精神。打造“工”字系列职工文化特色品牌，新建职工书屋5万余家，强化工会网上舆论引导，团结职工群众唱响主旋律。

——团结动员广大职工积极建功新时代，充分发挥工人阶级主力军作用。围绕国家重大战略、重大工程、重大项目、重点产业，开展“当好主人翁、建功新时代”、“建功‘十四五’、奋进新征程”等主题劳动和技能竞赛，扎实推进企业开展劳动竞赛、“五小”等群众性创新创造活动，参与竞赛活动的企事业单位和职工数量年均分别达到58万余家、5806万人次。开展劳动模范和先进工作者选树工作，共表彰全国劳动模范和先进工作者2493名、全国五一劳动奖4952个、全国五一巾帼奖2200个。举办大国工匠创新交流大会、大国工匠论坛，选树宣传“大国工匠年度人物”，建设工匠学院360家、劳模工匠创新工作室8万多家。统筹开展工会系统援藏援疆工作。抓好工会定点扶贫和帮扶工作，在打赢脱贫攻坚战、全面推进乡村振兴中发挥积极作用。

——深化产业工人队伍建设改革，努力建设高素质劳动大军。坚决贯彻习近平总书记重要指示批示精神，认真履行牵头抓总职责，研究制定深化产业工人队伍建设改革的意见，建立健全推进改革工作机制，推动将产业工人队伍建设改革纳入专项督查。构建产业工人技能形成体系，搭建建功立业平台，完善职业发展制度。开展产业工人队伍建设改革试点、十大产业百家企业深化产业工人队伍建设改革专项行动，实施产业工人队伍建设改革提升年、深化年行动，发挥国有企业示范带动作用，推动非公企业落实改革举措，持续推动产业工人队伍建设改革走深走实。

——切实履行维权服务基本职责，促进提高职工生活品质。加大城市困难职工帮扶解困力度，工会系统建档立卡的549.9万户城市困难职工家庭如期实现解困脱困。构建常态化梯度帮扶长效机制，工会两节送温暖活动筹集资金218.7亿元，慰问职工4250.6万人次。加大对职工劳动就业、收入分配、社会保障、劳动安全卫生等权益的维护力度，指导企业依法开展工资集体协商，推动完善职工社会保障制度，加强女职工权益维护和关爱服务。突出抓好重点群体维权服务，推动健全落实新就业形态劳动者权益维护制度和政策，推动解决拖欠农民工工资问题，做好核工业等特殊困难群体帮扶工作。持续开展“尊法守法·携手筑梦”服务农民工公益法律服务行动，服务农民工2900多万人次。加强服务职工基础设施建设，提升职工服务中心（困难职工帮扶中心）综合服务职工功能，推进工人文化宫、工人疗休养院规范化建设，建成13.1万个工会户外劳动者服务站点，加强职工互助保障组织建设，开展职工公益活动。应对突如其来的新冠疫情，推出支持受疫情影响严重的行业和小微企业发展等20条举措，筹集资金77.5亿元，帮扶慰问职工2289.5万人次。

——积极构建和谐劳动关系，切实防范化解劳动领域风险隐患。贯彻总体国家安全观，坚持维权维稳相统一，建立健全落实“五个坚决”要求长效机制，一手抓防范化解，一手抓引领构建，坚决维护职工队伍和社会大局和谐稳定。发挥部委协同工作机制和工会联动工作机制作用，强化劳动关系风险监测、分析、预防和处置，切实把矛盾纠纷解决在基层、化解在萌芽状态。加强企事业单位民主管理制度建设，规范集团职代会制度，推进省级厂务公开协调领导机构建设。开展集体协商稳就业促发展构和谐三年行动，推动完善协调劳动关系三方机制。推动建立完善劳动争议多元化解协作联动机制，联合人社、法院、司法等部门构建“调裁诉援”有效衔接工作体系，推进劳动领域多元解纷“一站式”平台建设。

——扎实推进改革创新，有效激发工会组织的生机活力。积极参与工会法等法律法规修改工作，加强工会工作法治化建设。推行“重点建、行业建、兜底建”模式，开展新就业形态劳动者入会集中行动、百人以上企业建会专项行动和社会组织建会专项行动，实现全国互联网百强企业全部建会，新增新就业形态劳动者会员1227万余人。扎实开展“转作风、解难题、促发展、保稳定”专项行动，推进“县级工会加强年”专项工作，加强财务管理、资产监督管理、经费审查审计监督等，工会工作的整体效能不断提升。

——全面加强党的建设，努力建设模范机关。贯彻新时代党的建设总要求，每年召开全国工会党风廉政建设、推进全面从严治党工作会议，自觉接受各级纪委监委驻工会机关纪检监察组监督，不断把全面从严治党引向深入。严格执行中央八项规定及其实施细则精神，制定实施加强党的政治建设的具体措施，持之以恒正风肃纪反腐，风清气正的良好政治生态持续提升。坚持改进工作作风、密切同职工群众联系，常态化开展工会系统机关干部赴基层蹲点工作，全国共组成蹲点工作组1.5万个，派出蹲点干部4.5万余人。

五年来，我们认真做好工会港澳台工作，加强与各国工会组织、区域和国际工会组织的交流交往，圆满举办第十一届金砖国家工会论坛，成功连任国际劳工组织工人正理事，积极服务国家外交和总体战略。

所有这些成就的取得，根本在于有以习近平同志为核心的党中央的坚强领导，在于有习近平新时代中国特色社会主义思想的科学指引。这些成就是各级党委、政府和社会各界大力支持、鼎力相助的结果，是历届工会老领导和老同志勤奋工作、无私奉献的结果，是全国亿万职工群众和工会工作者辛勤耕耘、不懈奋斗的结果。在这里，我代表中华全国总工会第十七届执行委员会并以本次大会的名义，向以习近平同志为核心的党中央致以崇高的敬意！向中央和国家机关各部门，向各级党委、人大、政府、政协，向共青团、妇联等群团组织以及社会各界，向中国人民解放军指战员、武警部队官兵和公安干警，表示衷心的感谢！向全国职工群众、工会工作者和曾经战斗在工会工作战线上的老领导、老同志，致以崇高的敬意！

在充分肯定成绩的同时，我们也清醒地认识到，工会工作与党中央的要求、亿万职工群众的期盼相比，还存在不少差距和不足。主要表现在：职工思想政治引领的针对性实效性不够，影响力需要进一步增强；维权服务不能充分满足职工群众多样化需求，广度、深度、精准度有待提高；新就业形态领域工会组建率、新就业群体入会率不够高，在加强组织建设和作用发挥上需要持续用力；工会组织的改革创新有待深化，数字化转型需要加快步伐；一些工会干部主动担当作为、狠抓工作落实的劲头不足，专业素养、创新能力有待进一步提高，等等。对此，我们必须高度重视，以时不我待的责任感使命感攻坚克难、持续努力，切实加以解决。

二、坚持用习近平新时代中国特色社会主义思想统领工会工作

习近平新时代中国特色社会主义思想，是当代中国马克思主义、二十一世纪马克思主义，是中华文化和中国精神的时代精华，实现了马克思主义中国化时代化新的飞跃，是党和国家必须长期坚持的指导思想。党确立习近平总书记党中央的核心、全党的核心地位，确立习近平新时代中国特色社会主义思想的指导地位，是党在新时代取得的重大政治成果，反映了全党全军全国各族人民共同心愿。实践充分证明，“两个确立”是新时代党和国家事业取得历史性成就、发生历史性变革的决定性因素，是党和人民战胜一切艰难险阻、应对一切不确定性的最大确定性、最大底气、最大保证，必须倍加珍惜、坚定维护、长期坚持。

党的二十大郑重宣示“从现在起，中国共产党的中心任务就是团结带领全国各族人民全面建成社会主义现代化强国、实现第二个百年奋斗目标，以中国式现代化全面推进中华民族伟大复兴”，吹响了奋进新征程的时代号角。中国工人阶级作为中国共产党最坚实最可靠的阶级基础，始终凝聚在党的旗帜下，牢牢把握我国工人运动时代主题，为完成党在不同历史时期的中心任务作出了重要贡献；中国工会作为党领导下的职工群众组织，始终忠诚党的事业，组织动员和服务亿万职工群众，充分发挥了桥梁

纽带作用。党的中心任务就是中国工人运动和工会工作的主题和方向。新征程上，中国工人阶级和工会一定要在以习近平同志为核心的党中央坚强领导下，以党的旗帜为旗帜、以党的意志为意志、以党的使命为使命，坚定理想信念、坚守使命追求，自觉团结奋斗、积极改革创新，以更加豪迈的姿态、勇于担当的精神，为实现全面建成社会主义现代化强国、以中国式现代化全面推进中华民族伟大复兴的宏伟目标而奋勇前进。

党的十八大以来，习近平总书记从党和国家事业发展全局出发，就党的工运事业和工会工作发表一系列重要讲话、作出一系列重要指示，强调要坚持党对工运事业和工会工作的领导，永远保持自觉接受党的领导这一优良传统，坚定不移走中国特色社会主义工会发展道路；要坚持全心全意依靠工人阶级的根本方针，巩固工人阶级的领导阶级地位，充分发挥工人阶级的主力军作用；要牢牢把握为实现中华民族伟大复兴中国梦而奋斗的时代主题，紧紧围绕党和国家工作大局，组织带领广大职工群众为实现发展目标建功立业；要加强对职工群众的思想政治引领，引导职工群众听党话、跟党走，巩固党执政的阶级基础和群众基础；要深化产业工人队伍建设改革，努力建设高素质劳动大军；要大力弘扬劳模精神、劳动精神、工匠精神，依靠劳动创造扎实推进中国式现代化；要坚持以职工为中心的工作导向，切实实现好、维护好、发展好工人阶级和广大劳动群众合法权益；要围绕保持和增强政治性、先进性、群众性，深入推进工会改革创新，健全联系广泛、服务职工的工会工作体系。

习近平总书记关于工人阶级和工会工作的重要论述，系统阐明了新时代党的工运事业和工会工作的地位作用、工运主题、发展道路、目标任务、根本保证，深刻回答了新时代为什么要全心全意依靠工人阶级、怎样全心全意依靠工人阶级，建设什么样的工会、怎样建设工会等方向性、根本性、战略性重大问题，为新时代新征程党的工运事业和工会工作提供了根本遵循。这一重要论述，是习近平新时代中国特色社会主义思想的重要组成部分，是对马克思主义劳动学说和工运学说的继承和发展，是对中华优秀传统文化的传承和发扬，是对党领导工运事业丰富实践和宝贵经验提炼升华的重大成果，把我们党对工人运动和工会工作的规律性认识提升到一个新高度，为新时代工运事业和工会工作创新发展指明了前进方向、提供了行动指南，具有重大政治意义、深远历史意义、深刻理论意义、鲜明实践意义。

新征程上，我们要全面深入学习贯彻习近平新时代中国特色社会主义思想，深入贯彻习近平总书记关于工人阶级和工会工作的重要论述，深刻把握党的创新理论的丰富内涵、精神实质和实践要求，深刻领会这一重要思想的世界观方法论和贯穿其中的立场观点方法，更好地把党的创新理论转化为认识世界、改造世界的强大力量，更好把握新时代新征程工运事业和工会工作的特点与规律，增强做好工会工作的责任感使命感，提高履职尽责的能力和水平。要坚持用党的创新理论武装头脑、指导实践、推动工作，以实际行动把亿万职工群众紧紧团结在党的周围，不断夯实党长期执政的阶级基础和群众基础，切实维护职工群众合法权益，努力解决好急难愁盼问题，不断增强广大职工群众的获得感、幸福感、安全感，千方百计调动亿万职工群众的积极性、主动性、创造性，唱响“咱们工人有力量”的时代强音。

三、今后五年的主要工作

今后五年工作的总体要求是：坚持以习近平新时代中国特色社会主义思想为指导，全面贯彻党的二十大精神，深入贯彻习近平总书记关于工人阶级和工会工作的重要论述，紧紧围绕党和国家工作大局，忠诚党的事业、竭诚服务职工，改革创新、奋发进取，保持和增强政治性、先进性、群众性，持续提高引领力、组织力、服务力，充分发挥党联系职工群众的桥梁纽带作用，团结引导亿万职工群众坚定不移听党话、跟党走，为全面建设社会主义现代化国家、全面推进中华民族伟大复兴发挥主力军作用。

（一）坚持党的全面领导，引导职工群众更加紧密团结在党的周围。

坚持不懈用习近平新时代中国特色社会主义思想凝心铸魂。巩固拓展学习贯彻习近平新时代中国特色社会主义思想主题教育成果，全面实施“研读原著、专题研讨、调查研究、转化运用”党的创新理论学习行动，系统掌握习近平新时代中国特色社会主义思想的科学内涵、精神实质和实践要求，做到学思用贯通、知信行统一，自觉用习近平新时代中国特色社会主义思想坚定理想、锤炼党性、指导实践、推动工作，不断提高政治判断力、政治领悟力、政治执行力，深刻领悟“两个确立”的决定性意义，增强“四个意识”、坚定“四个自信”、做到“两个维护”，始终在思想上政治上行动上同以习近平同志为核心的党中央保持高度一致。深入学习贯彻习近平总书记关于工人阶级和工会工作的重要论述，深化理论研究、学理阐释，掌握其核心要义和精神实质，健全完善学习贯彻、创新落实的制度性安排。

强化职工思想政治引领。广泛开展理想信念、社会主义核心价值观、“四史”、“中国梦·劳动美”、“大国工匠”、“最美职工”、“万名劳模工匠宣讲党的创新理论”等系列教育和活动，不断增强职工群众的政治认同、思想认同、理论认同、情感认同，筑牢亿万职工团结奋斗的共同思想基础。加强职工文化阵地建设，开展丰富多彩、喜闻乐见的职工文体活动，打造健康文明、昂扬向上、全员参与的职工文化，不断满足广大职工精神文化需求。切实加强工会宣传工作，按照统筹协调、守正创新、特色鲜明、深度融合的理念，形成党组统一领导、宣传部门牵头抓总、各有关部门及各级工会协同协作、主流媒体和新媒体各展所长的工会宣传工作格局，做强做优工会舆论宣传。

（二）聚焦高质量发展这个首要任务，组织职工群众建功立业、创新创造。

深化产业工人队伍建设改革。履行工会牵头抓总职责，围绕实施制造强国战略，突出新型工业化、新兴产业、数字经济和技术创新，聚焦产业工人思想引领、建功立业、素质提升、地位提高、队伍壮大等重点工作，推动落实终身职业技能培训制度，强化资源协同、政策联动，抓住主要问题实现重点突破，多措并举推动整体提升，努力培养造就更多大国工匠、高技能人才，充分激发产业工人的创造精神和奋进力量，为建设现代化产业体系作贡献。

广泛深入持久开展劳动和技能竞赛。围绕国家重大战略、重大工程、重大项目、重点产业，以技术创新为导向，深入开展“建功‘十四五’、奋进新征程”主题劳动和技能竞赛，探索新产业新业态竞赛活动新形式，打造影响力大、引领力强的竞赛品牌。持续组织职工参加技术革新、技术协作、发明创造、合理化建议、网上练兵和“五小”等群众性创新创造活动，推动形成“建功新时代、比学赶帮超”的新风尚。

突出发挥劳模工匠示范引领作用。大力弘扬劳模精神、劳动精神、工匠精神，开展“劳模工匠进校园”、“劳模工匠助企行”等活动。构建线下线上结合的工匠学院建设体系，深化劳模和工匠人才创新工作室建设，强化职工创新成果展示交流和应用转化。建立完善关心关爱劳模工匠和技能人才的常态化机制，推动落实劳模工匠待遇，提升劳模工匠地位，让劳动光荣、技能宝贵、创造伟大在全社会蔚然成风。

引导企业充分发挥主体作用。推动企业建会强会、维护职工劳动经济权益、推进企业民主管理等，努力构建和谐劳动关系；通过劳动竞赛、技能培养、畅通职业发展通道、创建劳模和工匠人才创新工作室等，组织引导职工群众立足岗位、勤学苦练，深入钻研、敢为人先，持续点燃创新创造激情。

（三）用心用情做好维权服务工作，实现好、维护好、发展好职工群众根本利益。

着力维护职工群众劳动经济权益。把稳就业摆在更加突出的位置，深化工会就业创业服务，加强失业困难群体就业兜底帮扶。推动用人单位开展工资集体协商，完善职工工资决定、合理增长、支付保障机制，健全技术工人薪酬激励机制，促进企业内部分配进一步向一线职工、技术工人倾斜，助力实现共同富裕。加强新就业形态劳动者权益保障，完善协商协调机制，推动平台企业合法规范用工、科学调整算法、完善劳动定额标准，推进职业伤害保障试点工作。推动完善社会保险法规政策体系，促进多层次社会保障有序衔接，扩大覆盖面，提升保障水平。完善工会劳动保护监督机制，加强安全生产和职业健康工作，深化“安康杯”竞赛等群众性安全生产活动。

大力开展服务帮扶。加强工会服务工作的研究分析，在做好传统服务的基础上，适应时代要求和职工群众需求，全面运用数字化技术，推出更多更好更及时的服务职工群众项目。积极推进职工服务阵地建设，建好用好工人文化宫、职工书屋、工人疗休养院、服务中心等。以实施双 15 工程为牵引，加强和规范工会户外劳动者服务站点建设。巩固城市困难职工解困脱困成果，与提高职工生活品质有效衔接，推动改革发展成果更多惠及广大职工群众。推动农民工平等享受城镇基本公共服务，开展关爱农民工子女主题活动，推进职工健康服务。叫响做实工会送温暖、送清凉、金秋助学、职工医疗互助等工作品牌，加强职工公益基金组织建设。深入开展“暖边绿境”关爱职工专项行动。积极维护女职工合法权益，充分保障女职工特殊权益，促进男女平等和女职工全面发展。加强工会系统援藏援疆工作，做好工会定点帮扶助力乡村振兴工作。

加强企事业单位民主管理制度建设。把企事业单位民主管理作为发展全过程人民民主的重要形式，努力推动以职工代表大会为基本形式的企事业单位民主管理制度落地落实。推动国有企业加强民主管理，促进非公有制企业建立健全民主管理，保障职工群众主人翁地位，提高职工群众创造性和企业竞争力。

积极推动构建和谐劳动关系。充分发挥协调劳动关系三方机制作用，探索行业和谐劳动关系创建活动试点。推动政府与同级工会联席会议制度规范化常态化发展，健全工作机制，合理设置议题，增强实效性。抓好劳动关系发展态势监测，加强分析研判，及时采取相应对策措施。积极参与劳动争议多元化解，探索总结新时代劳动领域“枫桥经验”，推动劳动争议调解组织建设，推进“工会+法院+检察院+人社+司法”协作联动机制，健全劳动领域矛盾纠纷预防调处化解体系。联合开展新就业形态劳动者权益保障专项行动，推进新时代和谐劳动关系创建活动，培育选树1000个基层协调劳动关系公共服务样板站点。

（四）着眼统筹发展和安全，坚决维护劳动领域政治安全。

加强工会意识形态工作。落实意识形态工作责任制，加强阵地建设和管理，严把政治方向关、舆论导向关、价值取向关，牢牢掌握工会意识形态工作领导权。加强网络信息员队伍建设，开展“网聚职工正能量 争做中国好网民”主题活动，巩固壮大奋进新征程、建功新时代的主流思想舆论。

强化维护劳动领域政治安全体系和能力建设。加强组织领导，建立健全统一指挥、各方协同、纵横连通、实时高效的工作体系。建强用好部委协同机制，做实下沉地方联动机制。坚持日常和定期沟通协调机制，强化应急、处置管理。

有效防范化解劳动领域重大风险隐患。常态化开展职工队伍风险隐患专项排查化解工作。推进全国工会系统12351维权服务热线建设，努力提升维护劳动者合法权益和维护劳动领域政治安全能力。加强工会信访问题源头治理、风险预警和应对处置。深化工会社会组织工作，强化政治引领、示范带动、联系服务，及时有效解决职工群众切身利益问题。

（五）突出抓好基层基础工作，打通服务职工群众“最后一公里”。

实施大抓基层三年行动。针对基层缺经费、缺办公场所、缺工作人员等难题，统筹规划、多措并举，系统推进、分步落实，争取经过三年努力，基层直接服务职工群众的能力大幅提升。加强指导帮扶，推动不同区域、不同行业工会工作协调发展、平衡发展。

大力推进基层工会建设。全面推进互联网企业、平台企业建会扩面提质，督促其分支机构、加盟企业等建立基层工会组织。推进国有企业工会规范化建设，发挥国有企业工会示范带动作用，持续推进非公有制企业建会强会工作，加强工业园（区）、乡镇（街道）、村（社区）工会、区域性行业性工会联合会建设。

加强对基层的指导和帮扶。采取普遍轮训和专门培训相结合、线上线下相结合等方式，有计划分步骤对基层工会工作者进行培训，提高社会化工会工作者待遇。深入推进工会组织和工会会员实名制，精准服务基层。常态化开展各级工会机关干部赴基层蹲点工作，将蹲点与推动工会重点工作、难题调研、试点探索等结合起来，持续为基层工会注入动力活力。

（六）贯彻全面依法治国部署要求，大力推进工会工作法治化。

推动完善劳动法律法规体系。推动加大工会法实施力度，参与产业工人队伍建设立法工作，推动新就业形态劳动者等涉及职工维权服务和工会领域的法律法规制定。强化劳动领域法律法规执行，推动健全涉职工和工会工作的法律监督制度，建立健全与人大执法检查、行政执法等协作配合机制。壮大工会劳动法律监督员、劳动保护监督检查员、劳动争议调解员、兼职仲裁员等工会法律人才队伍。

加强工会法治宣传和法律服务。落实全国工会法治宣传教育五年规划，丰富法治宣传教育形式内容，推动企业管理者和职工群众增强法治观念，推动形成尊法学法守法用法风气。加快推进工会法律服务体系建设，叫响做实“尊法守法·携手筑梦”服务农民工公益法律服务行动。加强与司法行政部门沟通协作，发挥法律援助工作者作用，进一步加大职工法律援助工作力度。

（七）深化工会改革和建设，有效发挥党联系职工群众的桥梁纽带作用。

持续深化工会机关改革。进一步加强系统谋划、顶层设计，优化资源配置，深入查找在思想观念、体制机制、能力素质、作风建设等方面的问题，完善创新工作体系、工作内容和工作方式，充分发挥机关部门和干部的能动性、创造性，努力把各级工会组织都建设成为名副其实的职工之家，使所有工会干部都成为职工群众信赖的娘家人、贴心人。

健全完善工会组织体系。构建全总、产业工会、地方工会、基层工会之间高质高效的矩阵网络系统。加强领导、压实责任，确保必要资源，加快建立健全基层组织体系。广泛运用现代先进理念、先进工具和先进方式，大幅提高组织效能、个人能力。

健全完善资金资产管理体系。创新工会财务管理和监督检查机制，深化工会经费收缴管理改革，实施全面预算绩效管理，加强工会财务信息一体化建设。加强工会资产管理和监督检查，推进工会资产标准化规范化建设，确保工会资产安全完整、保值增值和有效利用。严格工会经费审查审计监督，推进工会常态化经审监督体系建设，推进审查审计全覆盖。完善对机关干部和直属单位的综合考核，强化上级工会在财务、资产、经审领域对下一级工会的监督检查。

全面加快工会系统数字化建设。创建直达亿万职工群众、集成工会全部服务内容的服务终端，让亿万职工群众享受“一键入会”、“一网全通”，以及高效、实时、精准的“一终端全维服务”。完善线上线下服务资源，加快创建线上工会、云上课堂、线上援助、数字展馆等一系列线上、云上产品和服务，强化线上线下融合，倍增服务能力和效果。

（八）加强工会和职工对外交流交往合作，讲好中国工人阶级故事。

健全与港澳台工会和劳动界交流合作机制。持续办好港澳工会“五一”代表团、港澳工会青年研讨营等品牌交流活动，推动发展壮大爱国爱港爱澳力量。强化粤港澳三地工会协调合作，开展爱国主义教育、国情国策宣讲，增强港澳职工爱国思想。深化两岸工会和职工交流交往，办好海峡职工论坛、台湾工会青年研讨营等活动，在更宽领域、更深层次拓展对台交流，团结台湾职工坚定反“独”促统。

积极开展工会双边多边国际交流。加强同各国工会组织、区域和国际工会组织的交流合作，厚植构建人类命运共同体理念，增进同各国工人阶级的友谊。参与全球劳工治理和工会南南合作，增强发展中国家工会在国际劳工事务中的代表性和发言权。做深做实做细“一带一路”职工人文交流、产业工人技能国际交流、共建国家工会干部汉语研修奖学金等工会品牌项目，推动海外中资企业维护职工合法权益。

（九）落实新时代全面从严治党要求，推动工会系统党的建设高质量发展。

落实全面从严治党政治责任。深入学习贯彻习近平总书记关于党的建设的重要思想，以党的政治建设为统领全面加强党的各项建设，深化政治机关建设和模范机关创建，大力开展对党忠诚教育。加强对“一把手”和领导班子的监督。扎实做好党组内部巡视工作，巩固深化中央巡视整改成果。

强化党组织政治功能和组织功能。加强工会系统党的组织体系建设，持续推进“四强”党支部建设，严格落实党内政治生活制度，用好批评和自我批评武器。加强对党员干部全方位管理和经常性监督，引导党员增强党员意识、发挥先锋模范作用。完善党建工作考核评价机制，全面促进党建工作提质增效。

加强工会干部队伍建设。巩固干部队伍教育整顿成果，落实新时代好干部标准，树立正确选人用人导向，健全完善兼、挂职工作机制，发挥工会院校培训主渠道作用，完善网络培训体系，提升工会干部能力素质，教育引导工会干部树牢正确政绩观，鼓足干事创业的精气神，打造忠诚干净担当的高素质专业化工会干部队伍。切实改进工作作风，深入基层、深入一线，密切联系职工群众，加强调查研究，掌握职工群众所思所想所盼，用心用情为基层和职工群众办实事、解难题。

坚持以严的基调强化正风肃纪反腐。严格贯彻执行中央八项规定及其实施细则精神，坚持纠“四风”、树新风，教育引导党员干部牢记“三个务必”，弘扬伟大建党精神。把纪律建设摆在更加突出位置，强化经常性纪律教育，开展常态化警示教育，强化制度建设和廉政文化建设。紧盯关键少数、重点领域和薄弱环节，加强廉洁风险排查和防控，坚持有腐必反、有案必查，一体推进不敢腐、不能腐、不想腐。

各位代表、同志们，新时代新征程召唤工人阶级谱写壮丽而崭新的篇章，赋予工会组织光荣而艰巨的使命。让我们更加紧密地团结在以习近平同志为核心的党中央周围，全面贯彻习近平新时代中国特色社会主义思想，踔厉奋发、埋头苦干，组织动员亿万职工群众为以中国式现代化全面推进强国建设、民族复兴伟业而团结奋斗！

关于中华全国总工会第十七届执行委员会报告起草情况的说明

（2023 年 10 月 9 日）

徐留平

各位代表，同志们：

我受中华全国总工会第十七届执行委员会的委托，向大会作关于中华全国总工会第十七届执行委员会报告（以下简称工会十八大报告）起草情况的说明。

一、关于报告起草的过程

以习近平同志为核心的党中央高度重视中国工会十八大，将其列入 2023 年中央政治局常委会工作要点，对筹备召开好大会提出明确要求。2023 年 1 月 11 日，蔡奇同志主持召开二十届中央书记处第 2 次办公会议，听取工会等 5 家群团组织工作汇报，要求提早谋划有关筹备工作，确保换届大会圆满成功。王东明同志在全总十七届七次、八次执委会上提出明确要求，主持召开全总十七届十七次主席会议审议工会十八大报告初稿，并多次对报告初稿提出具体修改意见。全总党组、书记处把起草好工会十八大报告作为中国工会十八大筹备工作的重点任务，专门成立文件起草组。我们全面贯彻习近平新时代中国特色社会主义思想，认真学习领会党的二十大精神，深入学习贯彻习近平总书记关于工人阶级和工会工作的重要论述，按照坚持政治方向、体现时代特征、汇集各方智慧的要求，起草和修改报告。

3月至4月，先后赴7个省（区）开展调研，召开全国工会理论研究工作会议和3个座谈会，形成工会十八大报告提纲。5月中旬至6月中旬，先后赴9个省（区、市）开展调研，在京召开5个座谈会，征求31个省（区、市）总工会和新疆生产建设兵团总工会，各全国产业工会、全总机关各部门、有关直属单位的意见。6月中旬至7月初，先后征求了部分地方工会负责同志、部分全总老领导、全总各位负责同志包括兼职副主席的意见。6月中旬，形成了报告初稿。6月25日召开的全总党组第171次会议和7月4日召开的全总十七届十七次主席会议，分别审议了报告初稿。7月中旬至8月上旬，先后征求了中央和国家机关15个部门对报告初稿的意见。9月12日，中央书记处办公会议讨论审议了报告并作出指示。根据中央书记处指示意见修改完善报告后，9月18日，全总党组第182次会议研究修改了报告。9月20日至21日，全总十七届十八次主席团会议、九次执委会议对报告进行了讨论修改，原则通过了报告（审议稿），决定提交工会十八大审议。会后报中共中央办公厅审阅。根据中办意见，对工会十八大报告再次进行修改后，全总党组将报告上报中办审定，形成提交本次大会的报告。

二、关于报告主要框架和内容

报告由回顾总结、理论阐述、今后工作等3部分组成。全文1.1万字左右。

（一）第一部分回顾新时代我国工运事业的发展和过去五年的工作。

共8个方面，即全面学习贯彻习近平新时代中国特色社会主义思想，坚定拥护“两个确立”、坚决做到“两个维护”；大力加强思想政治引领，团结引导职工群众听党话、跟党走；团结动员广大职工积极建功新时代，充分发挥工人阶级主力军作用；深化产业工人队伍建设改革，努力建设高素质劳动大军；切实履行维权服务基本职责，促进提高职工生活品质；积极构建和谐劳动关系，切实防范化解劳动领域风险隐患；扎实推进改革创新，有效激发工会组织的生机活力；全面加强党的建设，努力建设模范机关。同时，指出了工会工作存在的问题和不足。

（二）第二部分提出要坚持用习近平新时代中国特色社会主义思想统领工会工作。

从8个方面对习近平总书记关于工人阶级和工会工作的重要论述的核心要义进行了概括提炼，即坚持党对工运事业和工会工作的领导，坚持全心全意依靠工人阶级的根本方针，牢牢把握为实现中华民族伟大复兴中国梦而奋斗的时代主题，加强对职工群众的思想政治引领，努力建设高素质劳动大军，大力弘扬劳模精神、劳动精神、工匠精神，切实实现好、维护好、发展好工人阶级和广大劳动群众合法权益，深入推进工会改革创新等，并对学习贯彻总书记重要思想、重要论述提出了明确要求。

（三）第三部分提出今后五年的主要工作。

总体要求是：坚持以习近平新时代中国特色社会主义思想为指导，全面贯彻党的二十大精神，深入贯彻习近平总书记关于工人阶级和工会工作的重要论述，紧紧围绕党和国家工作大局，忠诚党的事业、竭诚服务职工，改革创新、奋发进取，保持和增强政治性、先进性、群众性，持续提高引领力、组织力、服务力，充分发挥党联系职工群众的桥梁纽带作用，团结引导亿万职工群众坚定不移听党话、跟党走，为全面建设社会主义现代化国家、全面推进中华民族伟大复兴发挥主力军作用。围绕总体要求，提出了9个方面工作，分别是：坚持党的全面领导，引导职工群众更加紧密团结在党的周围；聚焦高质量发展这个首要任务，组织职工群众建功立业、创新创造；用心用情做好维权服务工作，实现好、维护好、发展好职工群众的根本利益；着眼统筹发展和安全，坚决维护劳动领域政治安全；突出抓好基层基础工作，打通服务职工群众“最后一公里”；贯彻全面依法治国部署要求，大力推进工会工作法治化；深化工会改革和建设，有效发挥党联系职工群众的桥梁纽带作用；加强工会和职工对外交流交往合作，讲好中国工人阶级故事；落实新时代全面从严治党要求，推动工会系统党的建设高质量发展。

中国工会第十八次全国代表大会关于中华全国总工会第十七届执行委员会报告的决议

（2023 年 10 月 12 日　中国工会第十八次全国代表大会通过）

中国工会第十八次全国代表大会批准王东明同志代表中华全国总工会第十七届执行委员会所作的报告。报告提出了工会十八大主题，回顾总结新时代我国工运事业的发展和过去五年的工作，深刻阐述坚持用习近平新时代中国特色社会主义思想统领工会工作，对今后五年的主要工作作出了部署安排。

大会认为，新时代我国工运事业的发展和过去五年的工作取得的新进展新成效，根本在于有以习近平同志为核心的党中央的坚强领导，在于有习近平新时代中国特色社会主义思想的科学指引。

大会认为，习近平总书记关于工人阶级和工会工作的重要论述，是习近平新时代中国特色社会主义思想的重要组成部分，深刻阐明了新时代党的工运事业和工会工作的地位作用、工运主题、发展道路、目标任务、根本保证等重大问题，是新时代新征程党的工运事业和工会工作的根本遵循，必须倍加珍惜、长期坚持、全面落实。

大会号召，各级工会要坚持以习近平新时代中国特色社会主义思想为指导，深入贯彻习近平总书记关于工人阶级和工会工作的重要论述，深刻领悟“两个确立”的决定性意义，增强“四个意识”、坚定“四个自信”、做到“两个维护”，始终坚持工会工作正确政治方向，围绕中心、服务大局，履行工会基本职责，实现好、维护好、发展好职工群众的根本利益，踔厉奋发、埋头苦干，团结引导亿万职工坚定不移听党话、跟党走，为以中国式现代化全面推进强国建设、民族复兴伟业而团结奋斗！

以习近平新时代中国特色社会主义思想统领工会工作

王利中

中国工会十八大报告明确提出，必须坚持以习近平新时代中国特色社会主义思想统领工会工作。习近平新时代中国特色社会主义思想，是当代中国马克思主义、二十一世纪马克思主义，是中华文化和中国精神的时代精华，实现了马克思主义中国化时代化新的飞跃，是党和国家必须长期坚持的指导思想。新征程上，我们要全面贯彻习近平新时代中国特色社会主义思想，坚持把党的创新理论转化为开创新时代新征程工会工作新局面的强大力量。

一、全面学习领会习近平新时代中国特色社会主义思想的主要内容、基本观点、科学体系

习近平新时代中国特色社会主义思想，就是紧紧围绕回答新时代坚持和发展什么样的中国特色社会主义、怎样坚持和发展中国特色社会主义，建设什么样的社会主义现代化强国、怎样建设社会主义现代化强国，建设什么样的长期执政的马克思主义政党、怎样建设长期执政的马克思主义政党等重大时代课题，不断深化对人类社会发展规律、社会主义建设规律、共产党执政规律认识的理论成果。其内容涵盖改革发展稳定、内政

外交国防、治党治国治军等方方面面。党的二十大报告明确指出，“十个明确”、“十四个坚持”、“十三个方面成就”概括了这一思想的主要内容。

“十个明确”是习近平新时代中国特色社会主义思想的核心内容。党的十八大以来，以习近平同志为主要代表的中国共产党人，坚持把马克思主义基本原理同中国具体实际相结合、同中华优秀传统文化相结合，以巨大的政治智慧和理论勇气，创立了习近平新时代中国特色社会主义思想。党的十九届六中全会通过的《中共中央关于党的百年奋斗重大成就和历史经验的决议》概括了“十个明确”，即明确中国特色社会主义最本质的特征和中国特色社会主义制度的最大优势；明确坚持和发展中国特色社会主义的总任务；明确新时代我国社会主要矛盾；明确中国特色社会主义事业总体布局和战略布局；明确全面深化改革总目标；明确全面推进依法治国总目标；明确必须坚持和完善社会主义基本经济制度；明确党在新时代的强军目标；明确中国特色大国外交；明确全面从严治党的战略方针。这是习近平新时代中国特色社会主义思想的核心内容，集中体现了以习近平同志为核心的党中央对中国特色社会主义建设规律的新认识。

“十四个坚持”是习近平新时代中国特色社会主义思想的“基本方略”。党的十九大报告概括了“十四个坚持”，并称之为“新时代坚持和发展中国特色社会主义的基本方略”，即坚持党对一切工作的领导、坚持以人民为中心、坚持全面深化改革、坚持新发展理念、坚持人民当家作主、坚持全面依法治国、坚持社会主义核心价值体系、坚持在发展中保障和改善民生、坚持人与自然和谐共生、坚持总体国家安全观、坚持党对人民军队的绝对领导、坚持“一国两制”和推进祖国统一、坚持推动构建人类命运共同体、坚持全面从严治党。这既是习近平新时代中国特色社会主义思想的重要组成部分，也是党在实践中全面贯彻落实这一重要思想的基本要求。

“十三个方面成就”是习近平新时代中国特色社会主义思想的重要组成部分。《中共中央关于党的百年奋斗重大成就和历史经验的决议》在“开创中国特色社会主义新时代”部分，系统概括总结了党的十八大以来以习近平同志为核心的党中央推动党和国家事业在坚持党的全面领导、全面从严治党、经济建设、全面深化改革开放、政治建设、全面依法治国、文化建设、社会建设、生态文明建设、国防和军队建设、维护国家安全、坚持“一国两制”和推进祖国统一、外交工作等十三个方面取得的历史性成就。这既是在习近平新时代中国特色社会主义思想指导下取得的重大成就，又为习近平新时代中国特色社会主义思想的创新发展提供了现实基础和实践动力。

“十个明确”、“十四个坚持”、“十三个方面成就”彼此呼应、相互贯通，构成了系统全面、逻辑严密、内在统一的科学理论体系。“十个明确”是支撑习近平新时代中国特色社会主义思想这座理论大厦的主体部分，构成了这一重要思想的“四梁八柱”。把握住了“十个明确”，就掌握了这一重要思想的主要观点和基本精神。“十四个坚持”是对新时代我们党治国理政重大方针原则的高度凝练和科学概括，是对我们党不同时期形成的基本纲领、基本经验、基本要求的整合与发展，构成了新时代坚持和发展中国特色社会主义的基本方略。“十三个方面成就”既包括实践上的成就，也包括理论上的成就。深刻理解“十三个方面成就”，就能对习近平新时代中国特色社会主义思想有更加全面准确深入的把握。对各领域提出的新理念、新思想、新战略，对各方面工作提出的具体要求，都要放在整个科学体系中来认识和把握，避免碎片化、片面性，不能只见树木、不见森林。

我们既要全面系统地学习掌握这些主要内容，又要整体把握这一思想的科学体系，做到融会贯通；既要全面系统地学习掌握习近平新时代中国特色社会主义思想的主要内容、基本观点、科学体系，又要能进一步溯理论之源，了解本源有哪些，明白根源是什么，知晓来源在哪里。

——从本源上看，习近平新时代中国特色社会主义思想孕育于马克思主义，具有强大的真理力量。习近平新时代中国特色社会主义思想是与马克思主义一脉相承而又与时俱进的理论。这一思想没有丢掉“老祖宗”，而是始终把马克思主义作为中国共产党人的“真经”，始终坚持马克思主义基本原理，坚持科学社会主义基本原则，坚持解放思想、实事求是、与时俱进这一马克思主义活的灵魂，坚持运用辩证唯物主义和历史唯物主义世界观和方法论观察世界、引领时代、指导实践。习近平新时代中国特色社会主义思想一以贯之坚持马克思主义，在当代中国、在二十一世纪的世界高高举起了马克思主义的光辉旗帜。

——从根源上看，习近平新时代中国特色社会主义思想根植于人类思想史、世界社会主义史、中华民族史，特别是百年党史中。习近平总书记善于观察人类历史发展规律和潮流大势，把新时代中国特色社会主义事业放到漫长的历史长河中去观察分析和谋划。他曾经将社会主义500年的历史分为6个阶段，从人类社会发展规律和世界潮流的角度，启发人们看清历史发展趋势、顺应历史大势，从而更加坚定“四个自信”。从历史的发展对比中，才能更深入地领悟习近平新时代中国特色社会主义思想的历史价值和意义，才能识本质、知来源，感悟原创性特点，揭示其历史地位。

——从来源上看，习近平新时代中国特色社会主义思想产生于新时代中国特色社会主义的伟大实践，具有磅礴的实践伟力。当代中国正经历着我国历史上最为广泛而深刻的社会变革，也正在进行着人类历史上最为宏大而独特的实践创新。习近平新时代中国特色社会主义思想正是在这样的伟大时代中应运而生、顺势而成的。这一科学思想是在研究问题、解决问题中丰富发展的，是在推动实践、指导实践中成熟完善的，是经过实践检验、富有实践伟力的强大武器。在推动新时代党和国家事业伟大变革中，展现出巨大的现实解释力和实践引领力，成为全党全国各族人民的思想之旗、精神之魂。

二、深刻理解把握习近平新时代中国特色社会主义思想的世界观和方法论以及贯穿其中的立场观点方法

习近平总书记在参加党的二十大广西代表团讨论时强调，要深入领会党的创新理论的道理学理哲理，做到知其言更知其义、知其然更知其所以然，切实把党的创新理论贯彻落实到党和国家工作各方面全过程。道理、学理、哲理是内蕴于习近平新时代中国特色社会主义思想中既相区别又相联系的三层范畴。道理重在讲清楚，学理重在讲深入，哲理重在讲透彻。要通过对党的创新理论科学性的充分展示，不断夯实对习近平新时代中国特色社会主义思想的理论认同，进而巩固政治认同、强化

思想认同、增进情感认同。要在讲清道理、讲深学理、讲透哲理的辩证统一中，推动学习不断走深走实。

深入探寻新时代党的创新理论的本源、根源、来源，深入领会新时代党的创新理论的道理、学理、哲理，目的是更好地掌握它的世界观和方法论，学习好、运用好贯穿其中的立场观点方法，将学习引向深入。党的二十大报告把习近平新时代中国特色社会主义思想的世界观和方法论系统概括为“六个必须坚持”，这是深刻理解这一科学思想必须牢牢把握的基本点，是深刻理解习近平总书记关于工人阶级和工会工作的重要论述必须牢牢把握的出发点，也是继续推进新时代新征程党的工运事业和工会工作发展必须始终坚持的根本点。新征程上，我们要坚持不懈用习近平新时代中国特色社会主义思想凝心铸魂，完整把握、准确理解这一科学思想的世界观和方法论，坚持好、运用好贯穿其中的立场观点方法，不断增进对党的创新理论的政治认同、思想认同、理论认同、情感认同，真正把马克思主义看家本领学到手，自觉用习近平新时代中国特色社会主义思想指导工运事业和工会工作。

——必须坚持人民至上。党的二十大报告指出，人民性是马克思主义的本质属性，党的理论是来自人民、为了人民、造福人民的理论，人民的创造性实践是理论创新的不竭源泉；强调要站稳人民立场、把握人民愿望、尊重人民创造、集中人民智慧，形成为人民所喜爱、所认同、所拥有的理论，使之成为指导人民认识世界和改造世界的强大思想武器。坚持人民至上，贯彻以人民为中心的发展思想，坚持发展依靠人民、发展为了人民、发展成果由人民共享，始终保持党同人民的血肉联系，把全心全意为人民服务的根本宗旨落到实处，这是我们党的根本政治立场，也是我们党永葆青春活力和强大战斗力的关键所在。从工会工作看，坚持人民至上就是要践行党的群众路线，牢固树立以职工为中心的工作导向，从职工群众中来，到职工群众中去，把握职工诉求、汇聚职工智慧、保障职工权益。

——必须坚持自信自立。党的二十大报告指出，党的百年奋斗成功道路是党领导人民独立自主探索开辟出来的，马克思主义的中国篇章是中国共产党人依靠自身力量实践出来的，贯穿其中的一个基本点就是中国的问题必须从中国基本国情出发，由中国人自己来解答；强调要坚持对马克思主义的坚定信仰、对中国特色社会主义的坚定信念，坚定道路自信、理论自信、制度自信、文化自信，以更加积极的历史担当和创造精神为发展马克思主义作出新的贡献。从工会工作看，坚持自信自立就是要坚持党的领导，增强中国特色社会主义道路自信、理论自信、制度自信、文化自信，坚定不移走中国特色社会主义工会发展道路，立足中国工会的实践、正在干的工作。

——必须坚持守正创新。党的二十大报告指出，我们从事的是前无古人的伟大事业，守正才能不迷失方向、不犯颠覆性错误，创新才能把握时代、引领时代；强调要以科学的态度对待科学、以真理的精神追求真理，坚持马克思主义基本原理不动摇，坚持党的全面领导不动摇，坚持中国特色社会主义不动摇，紧跟时代步伐，顺应实践发展，以新的理论指导新的实践。从工会工作看，坚持守正创新就是要始终坚持中国工会的性质地位、职责作用，深化工会改革和建设，有效发挥桥梁纽带作用，积极主动识变应变求变。

——必须坚持问题导向。党的二十大报告指出，问题是时代的声音，回答并指导解决问题是理论的根本任务；强调要增强问题意识，聚焦实践遇到的新问题、改革发展稳定存在的深层次问题、人民群众急难愁盼问题、国际变局中的重大问题、党的建设面临的突出问题，不断提出真正解决问题的新理念新思路新办法。从工会工作看，坚持问题导向就是要勇于攻坚克难，聚焦推进工作中遇到的新问题、影响工会作用发挥的深层次问题、职工群众关心的急难愁盼问题，不断提出真正解决问题的新思路新办法，回答好工会理论和实践面临的时代之问、基层之问、职工之问，在解决问题中推进事业发展。

——必须坚持系统观念。党的二十大报告指出，万事万物是相互联系、相互依存的，只有用普遍联系的、全面系统的、发展变化的观点观察事物，才能把握事物发展规律；强调要把握好全局和局部、当前和长远、宏观和微观、主要矛盾和次要矛盾、特殊和一般的关系，为前瞻性思考、全局性谋划、整体性推进党和国家各项事业提供科学思想方法。从工会工作看，坚持系统观念就是要做到全局性谋划，整体性推进工作落实，不断提高战略思维、历史思维、辩证思维、系统思维、创新思维、法治思维、底线思维能力，把顶层设计与基层探索、健全组织与激发活力、地方工会与产业工会、重点工作与自身建设、发挥优势与争取支持等统筹起来。

——必须坚持胸怀天下。党的二十大报告指出，中国共产党是为中国人民谋幸福、为中华民族谋复兴的党，也是为人类谋进步、为世界谋大同的党；强调要拓展世界眼光，深刻洞察人类发展进步潮流，积极回应各国人民普遍关切，为解决人类面临的共同问题作出贡献。从工会工作看，坚持胸怀天下就是要加强对外交流交往，始终高举和平、发展、合作、工人权益的旗帜，发挥工会民间外交优势，讲好中国故事、中国工人阶级故事、中国工会故事，提供中国工会方案。

三、坚持用习近平新时代中国特色社会主义思想武装头脑、指导实践、推动工作

党的十八大以来，面对国内外形势新变化和实践新要求，以习近平同志为主要代表的中国共产党人，坚持把马克思主义基本原理同中国具体实际相结合、同中华优秀传统文化相结合，科学回答中国之问、世界之问、人民之问、时代之问，创立了习近平新时代中国特色社会主义思想，实现了马克思主义中国化时代化新的飞跃。习近平总书记指出，推进马克思主义中国化时代化的根本途径是“两个结合”。新时代新征程，各级工会组织和广大工会干部要坚持以习近平新时代中国特色社会主义思想这一“两个结合”的杰出典范为指引，通过领悟好坚持好运用好“两个结合”的科学方法，不断深化对党的理论创新的规律性认识，坚持用习近平新时代中国特色社会主义思想凝心铸魂，不断深化对这一重要思想的研究阐释和实践运用，努力开创新时代新征程党的工运事业和工会工作新局面。

——始终坚持党的全面领导，保持工会工作的正确政治方向。2023 年 10 月，习近平总书记在同全国总工会新一届领导班子成员集体谈话时指出，坚持党的领导必须全面地、有效地贯彻落实到工会工作全过程和各方面。要坚定维护党中央权威和集中统一领导，始终在思想上政治上行动上同党中央保持高度一致。坚持用习近平新时代中国特色社会主义思想凝心铸魂，巩固拓展学习贯彻习近平新时代中国特色社会主义思想主题教育成果，团结动员广大职工紧密团结在以习近平同志为核心的党中央周围，坚定不移听党话、跟党走，深刻领悟“两个确立”

的决定性意义，增强“四个意识”、坚定“四个自信”、做到“两个维护”，在思想上政治上行动上同以习近平同志为核心的党中央保持高度一致。深入贯彻习近平总书记关于工人阶级和工会工作的重要论述，掌握其核心要义和精神实质，健全完善学习贯彻、创新落实的制度性安排，深化理论研究、学理阐释。强化职工思想政治引领，不断增强职工群众的政治认同、思想认同、理论认同、情感认同，筑牢亿万职工团结奋斗的共同思想基础，巩固党长期执政的阶级基础和群众基础。加强职工文化阵地建设，打造健康文明、昂扬向上、全员参与的职工文化，不断满足广大职工精神文化需求。加强工会意识形态工作，落实意识形态工作责任制，加强阵地建设和管理，严把政治方向关、舆论导向关、价值取向关，牢牢掌握工会意识形态工作领导权，巩固壮大奋进新时代的主流思想舆论。

——始终聚焦高质量发展这个首要任务，充分发挥工人阶级主力军作用。深化产业工人队伍建设改革，履行工会牵头抓总职责，围绕实施制造强国战略，突出新型工业化、新兴产业、数字经济和技术创新，努力培养造就更多大国工匠、高技能人才，引导企业充分发挥主体作用，充分激发亿万产业工人的创造精神和奋进力量，为建设现代化产业体系作贡献。突出发挥劳模工匠示范引领作用。大力弘扬劳模精神、劳动精神、工匠精神，让劳动光荣、技能宝贵、创造伟大在全社会蔚然成风。加强工会和职工对外交流交往合作，讲好中国工人阶级故事，建立健全与港澳台工会和劳动界的交流合作机制，发展壮大爱国爱港爱澳力量，团结台湾职工坚定反“独”促统。积极开展工会双多边国际交流，加强同各国工会组织、区域和国际工会组织的交流合作，厚植构建人类命运共同体理念，增进同各国工人阶级的友谊，增强发展中国家工会在国际劳工事务中的代表性和发言权。

——始终坚持履行维权服务基本职责，不断增强职工群众获得感、幸福感、安全感。着力维护职工群众劳动经济权益，深化工会就业创业服务，加强困难群体就业兜底帮扶，加强新就业形态劳动者权益保障，推动完善社会保险法规政策体系，促进多层次社会保障有序衔接。适应时代要求和职工群众需求，全面运用数字化技术，积极推进职工服务阵地建设，加强和规范工会户外劳动者服务站点建设。巩固城市困难职工解困脱困成果与提高职工生活品质相衔接，推动改革发展成果更多惠及职工群众。把企事业单位民主管理作为发展全过程人民民主的重要形式，充分发挥职工群众主人翁作用，促进非公有制企业建立健全民主管理，提高职工群众创造性和企业竞争力。积极推动构建和谐劳动关系，充分发挥协调劳动关系三方机制作用，抓好劳动关系发展态势监测，加强分析研判，及时采取相应对策措施，维护劳动领域政治安全，努力促进职工队伍和社会和谐稳定。

——始终坚持深化工会改革和建设，有效发挥工会作为党联系职工群众的桥梁纽带作用。持续深化工会机关改革，以学习贯彻习近平新时代中国特色社会主义思想主题教育为契机，巩固拓展学习贯彻习近平新时代中国特色社会主义思想主题教育成果，做到学思用贯通、知信行统一，深入查找在思想观念、体制机制、能力素质、作风建设等方面的问题，进一步加强系统谋划、顶层设计，优化资源配置，完善创新工作体系、工作内容和工作方式，提高运用法治思维和法治方式开展工作的能力。健全完善工会组织体系，构建全国总工会、产业工会、地方工会、基层工会之间高质高效的矩阵网络系统。广泛运用现代先进理念、先进工具和先进方式，大幅提高组织效能、个人能力。健全完善管理体系，加强工会财务信息一体化建设，推进工会资产标准化规范化建设。全面加快工会系统数字化建设，完善线上线下服务资源，强化线上线下融合，倍增服务能力和效果。实施大抓基层三年行动，统筹规划、多措并举，系统推进、分步落实，提升基层直接服务职工群众的能力，注重指导帮扶，推动不同区域、不同行业工会工作协调发展、平衡发展。加强对基层的指导和帮扶，有计划分步骤对基层工会工作者进行培训，将蹲点与推动工会重点工作、难题调研、试点探索等结合起来，持续为基层工会注入动力活力。

习近平新时代中国特色社会主义思想是引领新时代谋大局、应变局、开新局的强大思想武器。各级工会和广大工会干部要坚持以习近平新时代中国特色社会主义思想统领工会工作，全面贯彻党的二十大精神，深入学习贯彻习近平总书记关于工人阶级和工会工作的重要论述，紧紧围绕党和国家工作大局，忠诚党的事业、竭诚服务职工，改革创新、奋发进取，保持和增强政治性、先进性、群众性，持续提高引领力、组织力、服务力，充分发挥党联系职工群众的桥梁纽带作用，有效组织动员亿万职工群众坚定不移听党话、跟党走，为全面建设社会主义现代化国家、以中国式现代化全面推进中华民族伟大复兴贡献智慧和力量。

深入学习贯彻习近平总书记关于工人阶级和工会工作的重要论述

徐世鼎

中国工会十八大报告指出，坚持用习近平新时代中国特色社会主义思想统领工会工作，从坚持党对工运事业和工会工作的领导，坚持全心全意依靠工人阶级的根本方针，牢牢把握为实现中华民族伟大复兴中国梦而奋斗的时代主题，加强对职工群众的思想政治引领，努力建设高素质劳动大军，大力弘扬劳模精神、劳动精神、工匠精神，切实实现好、维护好、发展好工人阶级和广大劳动群众合法权益，深入推进工会改革创新等八个方面对习近平总书记关于工人阶级和工会工作的重要论述进行概括，对学习贯彻落实重要论述进行部署安排。我们要坚持以习近平新时代中国特色社会主义思想为指导，深入学习贯彻习近平总书记关于工人阶级和工会工作的重要论述，推动新时代新征程党的工运事业和工会工作高质量发展。

一、全面学习习近平总书记关于工人阶级和工会工作的重要论述

党的十八大以来，中国特色社会主义进入新时代，这是我国新的历史方位。以习近平同志为主要代表的中国共产党人，坚持把马克思主义基本原理同中国具体实际相结合、同中华优

秀传统文化相结合，创立了习近平新时代中国特色社会主义思想。习近平新时代中国特色社会主义思想，是当代中国马克思主义、二十一世纪马克思主义，是中华文化和中国精神的时代精华，实现了马克思主义中国化时代化新的飞跃，是党和国家必须长期坚持的指导思想。

工人阶级是我们党最坚实最可靠的阶级基础，我国工运事业是党的事业的重要组成部分，工会工作是党治国理政的一项经常性、基础性工作。新时代以来，习近平总书记从党和国家事业发展全局出发，着眼巩固党长期执政的阶级基础和群众基础，就党的工运事业和工会工作发表一系列重要讲话、作出一系列重要指示，形成了习近平总书记关于工人阶级和工会工作的重要论述。2023 年 10 月 23 日，习近平总书记同全国总工会新一届领导班子成员集体谈话并发表重要讲话，强调坚持党对工会的全面领导，任何时候、任何情况下都不能动摇、不能偏离；坚持全心全意依靠工人阶级的根本方针，充分调动广大职工群众的积极性、主动性、创造性，积极投身全面推进强国建设、民族复兴的伟大事业；坚持党的领导必须全面地、有效地贯彻落实到工会工作全过程和各方面；把广大职工群众紧密团结在党的周围，为实现党的中心任务而团结奋斗；认真履行维权服务基本职责，着力解决关系职工群众切身利益的实际问题，重视维护新就业形态劳动者的合法权益；继续深化工会改革和建设，牢固树立大抓基层的鲜明导向，夯实基层基础，激发基层活力，不断增强基层工会的引领力、组织力、服务力。这一重要论述，系统阐明了工人阶级和工会工作的地位作用、工运主题、发展道路、目标任务、根本保证，深刻回答了新时代为什么要全心全意依靠工人阶级、怎样全心全意依靠工人阶级，建设什么样的工会、怎样建设工会等一系列方向性、根本性、战略性重大问题，为新时代新征程党的工运事业和工会工作提供了根本遵循。这一重要论述，是习近平新时代中国特色社会主义思想的重要组成部分，是对马克思主义劳动学说和工运学说的继承和发展，是对中华优秀传统文化的传承和发扬，是对党领导工运事业丰富实践和宝贵经验提炼升华的重大成果，把我们党对工人运动和工会工作的规律性认识提升到一个新高度，为新时代工运事业和工会工作创新发展指明了前进方向、提供了行动指南，具有重大政治意义、深远历史意义、深刻理论意义、鲜明实践意义。

各级工会和广大工会干部采取多种形式深入学习重要论述，及时跟进学习习近平总书记最新指示批示精神，推动重要论述在工会工作中形成生动实践。全国总工会领导同志带头认真学习党的工运创新理论，多次在会议讲话或理论文章中对重要论述进行研究阐释。王东明同志在 2018 年 6 月的全总十六届十六次主席会议讲话中梳理了八个方面内容，在 2022 年 6 月的全总十七届六次执委会议讲话中用“十五个要求”加以概括。全总党组主要领导同志对重要论述也进行了梳理研究。中国工会十七大报告用“八个坚持”对重要论述的基本内涵进行归纳梳理，即坚持党对工会工作的领导，坚持全心全意依靠工人阶级，坚持为实现中华民族伟大复兴的中国梦而奋斗，坚持中国特色社会主义工会发展道路，坚持弘扬劳模精神、劳动精神、工匠精神，坚持高举维护职工合法权益旗帜，坚持增强政治性、先进性、群众性的工会改革方向，坚持加强基层工会建设，并提出“四个立足”的实践要求。全国总工会还分别于 2018 年和 2020 年在内部编印《习近平关于工人阶级和工会工作论述摘编》，2021年公开出版《深入学习贯彻习近平总书记关于工人阶级和工会工作的重要论述》，深化对重要论述的宣传研究。新华社2023年9月10日发布消息，经党中央批准，中共中央党史和文献研究院编辑的《习近平关于工人阶级和工会工作论述摘编》一书，由中央文献出版社出版，在全国发行。全国总工会及时召开深入学习宣传贯彻《习近平关于工人阶级和工会工作论述摘编》座谈会，印发通知，部署学习宣传贯彻工作；全总党组召开会议、党组理论学习中心组专题学习会议，组织召开专家座谈会，进行深入学习交流研讨，各级工会通过多种形式掀起学习宣传贯彻热潮。

中国工会十八大报告，对标对表《习近平关于工人阶级和工会工作论述摘编》八个专题，用“八个要”概括重要论述的核心要义。“八个要”可以分成三个板块来理解，第一、第二条是总的要求，坚持党的领导是最高政治原则，决定了中国工会的根本性质；全心全意依靠工人阶级是根本方针，彰显了党和国家的性质和工人阶级的地位作用。第三条至第七条明确新时代工会工作的职责使命，为实现中华民族伟大复兴中国梦而奋斗是时代主题，锚定了新时代党的工运事业的目标方向；加强对职工群众的思想政治引领是工会的政治责任，体现了工会工作的鲜明特色和突出政治优势；建设高素质劳动大军是基础性、战略性工程，明确了工会服务党和国家工作大局的重要着力点；劳模精神、劳动精神、工匠精神是强大精神动力，从一个重要方面展现了中国共产党人精神谱系的时代价值；维护职工合法权益、竭诚服务职工群众是工会的基本职责，揭示了工会组织的安身立命之本。第八条对工会自身建设提出要求，深入推进工会改革创新是工会组织永葆生机活力、当好桥梁纽带的动力所在。“八个要”是有机联系的统一整体，形成了一个内涵丰富、逻辑严密、系统全面、科学辩证的理论体系。

二、全面把握习近平总书记关于工人阶级和工会工作的重要论述

重要论述是在新时代坚持和发展中国特色社会主义伟大历史进程中创立发展起来的，深刻总结历史经验，凝结开创性独创性的实践经验，反映了新时代党的工运事业和工会工作的理论逻辑、历史逻辑和实践逻辑的有机统一，其丰富内涵、精髓要义、实践要求体现时代性、把握规律性、富于创造性。要全面把握重要论述的道理学理哲理，努力做到知其然、知其所以然、知其所以必然。

把握重要论述的政治性。重要论述明确工会是政治组织、工会工作是政治工作，工作做得好不好、有没有取得明显成效，关键看有没有坚持正确政治方向，确保始终在党的领导下推进党的工运事业和工会工作。关于加强党的领导，强调我国工运事业是在党的领导下发展起来的，自觉接受党的领导是中国工会的红色基因和优良传统，也是党的工运事业和工会工作取得发展进步的最高政治原则和根本保证，在这一点上必须旗帜鲜明、立场坚定；坚持党的领导，是政治立场和政治原则，也是工作准则和具体要求；工会要永远保持自觉接受党的领导这一优良传统，坚持正确政治方向，就是要坚持中国共产党领导和我国社会主义制度；中国特色社会主义工会发展道路是中国特色社会主义道路的重要组成部分等。关于新时代工会地位和工会工作定位，强调中国工会是中国共产党领导的工人阶级群众组织，是党联系职工群众的桥梁和纽带，是社会主义国家政权

的重要社会支柱；我们必须把群团组织建设得更加充满活力、更加坚强有力，使之成为推进国家治理体系和治理能力现代化的重要力量；党的群团工作是党通过群团组织开展的工作，是党组织动员广大人民群众为完成党的中心任务而奋斗的重要工作；我国工运事业是在党的领导下发展起来的，是党的事业的重要组成部分；工会工作做的是群众工作，实质上是政治工作，讲政治是第一位的要求；我国广大职工群众在推动经济社会发展中地位重要，在社会上影响也大，如果通过工会扎实有效的工作把坚持党的领导和社会主义制度落实到广大职工群众中去，生根发芽，落地开花，那工会工作在政治上就是合格的。关于保持和增强群团组织和群团工作的政治性、先进性、群众性，强调政治性是群团组织的灵魂，是第一位的，必须把保持和增强先进性作为重要着力点，群众性是群团组织的根本特点，“增三性”成为指导群团改革创新的总要求，也是引领新时代党的群团事业和群团工作发展的总要求。重要论述从政治立场、政治方向、政治原则、政治道路等方面规定我国工会的本质特征，为党的工运事业和工会工作始终沿着正确政治方向提供了根本保证。

把握重要论述的科学性。重要论述坚持马克思主义劳动学说和工运学说的基本原理，坚持我们党在革命、建设、改革各个历史时期的工运思想，创造性转化、创新性发展中华优秀传统劳动文化，从新时代我国劳动关系和职工队伍发展变化的实际出发，探寻客观规律、作出正确回答、形成科学认识。重要论述强调劳动的重要价值，指出劳动是推动人类社会进步的根本力量；人类是劳动创造的，社会是劳动创造的；劳动创造了中华民族，造就了中华民族的辉煌历史，也必将创造出中华民族的光明未来；劳动是财富的源泉，也是幸福的源泉；劳动是一切成功的必经之路；“人生在勤，勤则不匮”；劳动可以树德、可以增智、可以强体、可以育美等，深刻阐明了新时代劳动观，继承和发展马克思主义劳动学说，弘扬中华优秀传统劳动文化，大力提倡辛勤劳动、诚实劳动、科学劳动、创造性劳动，坚决反对贪吃懒做、好逸恶劳、游手好闲、投机取巧、坐享其成等错误观念。重要论述涵盖党与工人阶级的关系、党与工会的关系、工人阶级的历史使命、工会的性质地位作用任务、工会发展道路，涉及职工思想政治引领、建功立业、素质提升、维权服务、构建和谐劳动关系、维护劳动领域政治安全，包括工会改革创新、夯实工会基层基础、走好网上群众路线、改进工作作风、加强工会干部队伍建设和工会系统党的建设等各方面各领域，把新时代党的工运事业和工会工作的规律性认识提升到新境界、推向新高度。重要论述提出重大理论创新，在指导制定的《中共中央关于加强和改进党的群团工作的意见》中首次提出“坚定不移走中国特色社会主义群团发展道路”，明确其“六个坚持”的基本要求和“三统一”的基本特征，为群团工作指明了前进道路；党的十九届三中全会通过的《中共中央关于深化党和国家机构改革的决定》和《深化党和国家机构改革方案》，把“联系广泛、服务群众的群团工作体系”作为深化党和国家机构改革目标的五个体系之一，把群团改革摆在推进党和国家各项事业发展全局的高度进行通盘考虑等。重要论述贯穿辩证唯物主义和历史唯物主义世界观和方法论，充分体现马克思主义立场观点方法，呈现鲜明的中国化时代化特点，具有强大的真理力量。

把握重要论述的人民性。重要论述始终坚定人民立场、坚持人民至上，贯穿以人民为中心的发展思想，展现习近平总书记深厚的人民情怀。重要论述强调人民是历史的创造者，必须紧紧依靠工人阶级发展中国特色社会主义；切实实现好、维护好、发展好劳动者合法权益，把竭诚为职工群众服务作为工会一切工作的出发点和落脚点；坚持把群众路线作为工会工作的生命线和根本工作路线，把工作重心放在最广大普通职工身上；必须克服重“精英”、轻“草根”的倾向，更多关注、关心、关爱普通群众。重要论述坚持全心全意依靠工人阶级的根本方针，强调工人阶级是我国的领导阶级，是我国先进生产力和生产关系的代表，是我们党最坚实最可靠的阶级基础，是全面建成小康社会、坚持和发展中国特色社会主义的主力军；全心全意依靠工人阶级不能只当口号喊、标签贴，而要贯彻到党和国家政策制定、工作推进全过程，落实到企业生产经营各方面；不论时代怎样变迁，不论社会怎样变化，我们党全心全意依靠工人阶级的根本方针不能忘记、不能淡化，我国工人阶级地位和作用都不容动摇、不容忽视等。重要论述坚持维护和发展职工群众利益，强调保障职工群众经济、政治、文化、社会权益是我国社会主义制度的根本要求，是党和国家的神圣职责，也是发挥广大职工群众积极性、主动性、创造性最重要最基础的工作；工会维权要讲全面，也要讲重点，重点就是职工群众最关心最直接最现实的利益问题，就是职工群众面临的最困难最操心最忧虑的实际问题。重要论述还多次对做好农民工、青年职工、城镇困难职工、新就业形态劳动者和劳动模范、大国工匠、高技能人才等重点群体工作提出具体要求。重要论述充分体现马克思主义人民性的本质属性，明确“我是谁、为了谁、依靠谁”，为我们前瞻性思考、全局性谋划、整体性推进党的工运事业和工会工作指明了前进方向。

把握重要论述的时代性。重要论述是习近平新时代中国特色社会主义思想在党的工运事业和工会工作领域的具体展开，阐明了新时代党的工运事业和工会工作的本质要求，对新时代工运事业和工会工作的新形势新问题作出科学分析，提出应对挑战、解决问题的有效办法，具有鲜明的时代性。明确工运时代主题，强调我国工人运动的时代主题，是为实现中华民族伟大复兴的中国梦而奋斗；工会要牢牢抓住这个主题，把推动科学发展、实现稳中求进作为发挥作用的主战场，把做好新形势下职工群众工作、调动职工积极性和创造性作为中心任务，把巩固党执政的阶级基础和群众基础作为政治责任，竭诚为职工群众服务，切实维护职工群众权益，不断焕发工会组织的生机活力。明确工会政治责任，强调引导职工群众听党话、跟党走，巩固党执政的阶级基础和群众基础，是工会组织的政治责任。明确工会战略任务，强调把提高职工队伍整体素质作为一项战略任务抓紧抓好；要实施职工素质建设工程，推动建设宏大的知识型、技术型、创新型劳动者大军；工会要牵头抓好贯彻落实，引导广大产业工人勤于钻研技术，练就过硬本领，加快建设一支宏大的知识型、技能型、创新型产业工人大军。明确工会价值导向，强调劳动模范是民族的精英、人民的楷模，是共和国的功臣；一代又一代的劳动模范和先进工作者、先进人物，是我国劳动人民的杰出代表，是祖国和人民的骄傲；强调劳模精神、劳动精神、工匠精神是以爱国主义为核心的民族精神和以改革创新为核心的时代精神的生动体现，是鼓舞全党全国各族人民风雨无阻、勇敢前进的强大精神动力，并概括了 24 字劳模精神、16 字劳动精神、16 字工匠精神的科学内涵。明确工会基本职责，强调工会要坚持以职工为中心的工作导向，抓住职工最关心最直接最现实的利益问题，认真履行维护职工合法权益、竭诚服务职工群众的基本职责。重要论述根据党和国家事业发展需要、经济社会发展实际，优化工会工作布局，赋予工会新的职能，为工会明确任务、履职尽责提供了行动指南。

把握重要论述的实践性。重要论述坚持问题导向、实践导向，具有强烈问题意识、实践特征，为解决新时代我国工人阶级和工会工作面临的一系列重大理论和实践问题定方向、定原则、定思路、定方法，高屋建瓴、具体而微，具有马克思主义鲜明的实践性理论品格。比如，面对我国产业工人队伍中高技能人才占比偏低、结构不合理的实际，习近平总书记亲自谋划、亲自部署推进产业工人队伍建设改革，指导制定改革方案，按照“政治上保证、制度上落实、素质上提高、权益上维护”的总体思路，明确思想政治引领、建功立业、素质提升、地位提高、队伍壮大等改革措施；分别于2019年9月对我国选手在世界技能大赛取得佳绩作出重要指示，2020年12月给首届全国职业技能大赛致贺信，2021年4月对职业教育工作作出重要指示，2022年4月给首届大国工匠创新交流大会致贺信，对培养更多高素质技术技能人才、能工巧匠、大国工匠提出明确要求。这些重要论述指引推动产业工人队伍建设改革走深走实，取得显著成效。比如，伴随我国以新技术、新业态、新模式为代表的“三新”经济蓬勃发展，出现大量的快递员、送餐员、网约车司机、货车司机等新就业形态劳动者群体。习近平总书记见微知著、未雨绸缪，2018年10月在同全国总工会新一届领导班子成员集体谈话时，要求工会通过多种有效方式，把他们吸引过来、组织起来、稳固下来，使工会成为他们愿意依靠的组织；2019

年2月春节前夕在北京前门石头胡同看望“快递小哥”，2020年5月在看望参加全国政协十三届三次会议的经济界委员时，针对新就业形态劳动者法律保障问题，要求及时跟上研究，把法律短板及时补齐，在变化中不断完善。这些重要论述指引推动新就业形态劳动者群体建会入会和权益保障工作取得有效突破、重大进展。比如，关于夯实工会基层基础，2014年9月在全总党组加强基层工会建设调研报告上作出“三个着力”的重要批示，还强调要树立大抓基层的鲜明导向，坚持眼睛向下、面向基层，把力量和资源向基层倾斜投放，使基层工会真正建起来、转起来、活起来，更好发挥“传动装置”和“杠杆”作用，把广大职工凝聚在党的周围。这些重要论述指引工会组织覆盖和工作覆盖有效扩大，基层工会吸引力、凝聚力得到切实增强。重要论述围绕新时代工会和工会工作是什么、为什么、干什么、怎么干等，既部署“过河”的任务，又指导解决“桥”或“船”的问题，引领工会工作实践创新、高质量发展，彰显了强大的实践伟力。

三、全面落实习近平总书记关于工人阶级和工会工作的重要论述

贯彻落实中国工会十八大精神，要全面深入学习贯彻习近平新时代中国特色社会主义思想，深入贯彻习近平总书记关于工人阶级和工会工作的重要论述，深刻把握党的创新理论的丰富内涵、精神实质和实践要求，深刻领会这一重要思想的世界观、方法论和贯穿其中的立场观点方法，更好地把党的创新理论转化为认识世界、改造世界的强大力量，更好把握新时代工运事业和工会工作的特点与规律，提高履职尽责的能力和水平，不

断夯实党长期执政的阶级基础和群众基础，把亿万职工群众凝聚在以习近平同志为核心的党中央周围，唱响“咱们工人有力量”的时代强音。

强化学习培训。要提高政治站位，增强责任感使命感紧迫感，把加强理论武装作为一项长期的重要工作抓紧抓好抓实，加强组织领导，摆上重要日程，周密部署实施，推动学习贯彻不断走深走实。各级工会领导干部要采取自学、集体学习、专题学习等多种形式，把《习近平关于工人阶级和工会工作论述摘编》作为必读书目、权威教材，深化学习理解习近平总书记关于工人阶级和工会工作的报告、讲话、说明、贺信、回信、指示、批示等重要文献，在通读精读研读上下功夫，在深化内化转化上下功夫。要贯彻落实《干部教育培训工作条例》，完善工会干部教育培训制度，制定教育培训规划，发挥工会院校教育培训阵地作用，把重要论述作为工会干部教育培训的必修课，分级分类、分期分批有计划、系统性地进行集中轮训，普遍提高工会干部的理论素养。

广泛宣传宣讲。要发挥工会大宣传格局和融媒平台优势，充分发挥工会报刊、网站、工会院校、工人文化宫、职工书屋等宣传阵地作用，用好微信公众号、微博、视频号、“学习强会”等平台载体，进行全方位、多角度的宣传，推动重要论述进企业、进车间、进班组。组织劳模工匠、一线工会干部、职工代表和工会积极分子等职工给身边人，开展有特色、接地气、入人心的宣讲，把重要论述讲到网上“云端”、送到职工“指尖”、讲到职工心坎上。围绕重要论述八个方面内容，以推出主题报道、专题访谈、理论专栏、辅导书籍等形式，加强宣传解读，引导广大工会干部和职工群众加深理解。把宣传宣讲同宣传习近平总书记和党中央对广大职工群众的关心关怀、党的工运事业和工会工作取得的成就、工会推动解决职工急难愁盼问题的成效结合起来，不断提高工作实效。

深入研究阐释。要做好理论转化工作，对重要论述中的科学判断、重大论断、方向思路进行分类梳理研究，结合职工队伍、劳动关系和工会工作实际，指导完善工会工作体系、布局、制度、政策和措施。大兴调查研究之风，针对工会工作中的重大问题、难点问题、共性问题、倾向性问题，充分调动工会领导机关部门、产业工会、事业单位积极性主动性创造性，深入基层一线开展问题针对式、典型解剖式、经验推广式调查研究，建立健全研究成果转化运用机制，引领和推进工会理论创新、制度创新、工作创新。统筹研究力量、优化研究布局，把研究阐释重要论述作为重要任务，加强工会理论研究队伍建设，积极争取中央有关部门、研究机构的支持、指导和帮助，加强与相关部委的沟通，与高校、科研机构等的交流合作，形成一体规划、协同推进，资源互补、相互借鉴的工作合力。

抓好贯彻落实。要坚持把重要论述贯彻落实到工会工作各方面全过程。推动健全完善劳动法律法规体系，特别是对工会工作中亟需的法律，如产业工人队伍建设法，加强研究，加大立法参与力度，推动及早完成立法工作。推动健全完善有关制度安排和工作机制，如党委领导群团组织的制度、工会自觉接受党的领导的制度、落实技术工人待遇的制度、新就业形态劳动者群体建会入会和权益保障机制等。推进工会重点工作任务取得新进展，在职工思想政治引领、组织职工建功立业、提升职工技术技能素质、履行工会基本职责、维护劳动领域政治安全等方面以“钉钉子”精神把工作做实做深做细，切实增强职工的获得感、幸福感、安全感。以自我革命精神深化工会改革和建设，完善创新工作体系、工作内容和工作方式，加强工会工作服务化、体系化、品牌化、创新化、数字化建设，着力打造工会工作现代化体系。

新时代我国工运事业的发展和过去五年工会工作的主要成就

陶志勇

中国工会十八大报告回顾总结了新时代我国工运事业的发展和过去五年的工作。中国工会十七大以来，全国各级工会坚持以习近平新时代中国特色社会主义思想为指导，全面贯彻党的十九大、二十大以及历次中央全会精神，深入贯彻习近平总书记关于工人阶级和工会工作的重要论述，在加强职工思想政治引领、组织职工建功立业、维护职工合法权益、保持职工队伍稳定、深化工会改革创新、推进工会系统党的建设等方面做了大量富有成效的工作，奋力谱写了党的工运事业和工会工作新篇章。2023 年 10 月，习近平总书记在同全国总工会新一届领导班子成员集体谈话时，对工人阶级作出的重大贡献，对工会工作取得的新成绩给予了充分肯定，指出党的十八大以来，在党中央坚强领导下，我国工人阶级在党和国家事业发展中发挥了主力军作用，工运事业取得历史性成就，工会工作实现全方位进步。过去五年，广大职工群众与党同心、跟党奋斗，在经济建设、科技创新、脱贫攻坚、乡村振兴、疫情防控、抢险救灾等重大工作中，展现了敢打硬仗、勇挑重担的时代风采。全国总工会和各级工会加强职工思想政治引领，推进产业工人队伍建设改革，保障劳动者权益，维护劳动领域政治安全，深化工会系统改革，政治性、先进性、群众性不断增强。

一、深入学习贯彻习近平新时代中国特色社会主义思想，贯彻落实党的十九大、二十大精神，始终保持了工会工作的正确政治方向

学习贯彻习近平新时代中国特色社会主义思想走深走实。坚持高标准、严要求，扎实开展“不忘初心、牢记使命”主题教育、党史学习教育、学习贯彻习近平新时代中国特色社会主义思想主题教育，教育引导各级工会干部和广大职工群众自觉做习近平新时代中国特色社会主义思想的坚定信仰者和忠实实践者，深入把握习近平新时代中国特色社会主义思想的世界观、方法论和贯穿其中的立场观点方法，更加深刻领悟“两个确立”的决定性意义，“四个意识”不断增强，“四个自信”日益坚定，“两个维护”更加坚决。

学习研究阐释习近平总书记关于工人阶级和工会工作的重要论述常抓不懈。坚持把学习贯彻习近平总书记关于工人阶级和工会工作的重要论述作为一项战略工程来抓，将重要论述纳入各级工会党组（党委）理论学习中心组学习内容，广泛应用于工会各类教育培训活动，每年召开学习贯彻重要论述理论研讨会，形成学习贯彻党的工运创新理论的制度性安排。不断深化重要论述的学习贯彻和研究阐释，2018 年、2020 年两次内部编印《习近平关于工人阶级和工会工作论述摘编》，2021 年公开出版的重要论述解读书籍——《深入学习贯彻习近平总书记关于工人阶级和工会工作的重要论述》，入选中宣部 2021 年主题出版重点出版物，在新时代中央和国家机关党的建设成就巡礼展上进行展示，该书陈列在国家版本馆中央馆。2023 年 9 月

10日《习近平关于工人阶级和工会工作论述摘编》公开出版，全国总工会迅即进行全面动员部署，召开全国工会深入学习宣传贯彻《习近平关于工人阶级和工会工作论述摘编》座谈会、党组扩大会议，全总党组理论学习中心组召开专题学习会议、专家研讨会、专题座谈会，印发学习贯彻通知，将《习近平关于工人阶级和工会工作论述摘编》纳入干部培训的必修课，广泛宣传宣讲等，迅速兴起了学习宣传贯彻热潮。

贯彻落实习近平总书记重要指示批示精神和党中央决策部署坚决有力。坚持和完善自觉接受党的领导制度，把贯彻落实习近平总书记重要指示批示精神和党中央决策部署作为重大政治任务，完善和落实全总党组向党中央、各级工会党组织向同级党委请示报告重大事项制度，加强上级工会与同级党委协同推进工会工作的制度机制建设。完善党组（党委）会议“第一议题”等制度，第一时间传达学习、第一时间研究落实习近平总书记重要指示批示精神和党中央决策部署，推动建立逐项分解、落实责任、建立台账、跟踪督查、定期“回头看”的闭环工作制度，确保件件有着落、事事有回音。

二、认真履行工会组织政治责任，大力加强职工的思想政治引领，有效团结引导了广大职工群众听党话、跟党走

党的创新理论深入人心。推动理想信念教育进一步常态化制度化，持续抓好党史、新中国史、改革开放史、社会主义发展史宣传教育，广泛开展“永远跟党走、奋进新征程”、“喜迎二十大、建功新时代”、“凝心铸魂跟党走、团结奋斗新征程”等宣传教育活动，开展工会系统庆祝建党100周年系列活动，

充分发挥“学习强国”、“学习强会”、职工书屋等平台作用，通过组织开展全国职工演讲比赛、知识竞赛、阅读诵读，编写出版《党的二十大精神职工学习问答》、《党的二十大精神职工学习题库》等，推动习近平新时代中国特色社会主义思想和党的二十大精神进企业、进车间、进班组，走到职工身边、走进职工心里。引导各级工会干部和广大职工群众持续增进对党的创新理论的政治认同、思想认同、理论认同、情感认同，更加坚定自觉忠诚核心、拥戴核心、维护核心、捍卫核心。

社会主义核心价值观广泛践行。加强教育引导、实践养成和制度保障，推动社会主义核心价值观深入基层、扎根职工。加强红色工运资源的挖掘保护和宣传运用，制定《全国职工爱国主义教育基地命名管理办法（试行）》，命名59个全国职工爱国主义教育基地，同步建设“云游红色工运地标 建功伟大复兴征程”线上VR展馆，组织开展中国红色工运地图打卡行活动。扎实推进中国工人运动历史展览筹备工作。加强以职业道德建设为重点的“四德”建设，每年联合发布全国“最美职工”，引导广大职工做崇德向善的践行者、文明新风的推动者。

劳模精神、劳动精神、工匠精神得到大力弘扬。牵头负责五年一次的全国劳动模范和先进工作者表彰大会；定期召开庆祝“五一”国际劳动节大会，评选表彰全国五一劳动奖和工人先锋号。五年来，共表彰全国劳动模范和先进工作者2493名，全国五一劳动奖状926个、奖章4026名，工人先锋号4119个，全国五一巾帼奖2200个。加大对劳模的宣传报道和关心关爱力度，深化劳模工匠进校园、进企业活动，协调中央主流媒体开设“劳动者之歌”专栏，加强劳模管理服务制度建设，管好用好全国劳模专项补助资金，积极组织劳模参加疗休养。

“工”字系列职工文化特色品牌持续擦亮。每年开展“阅读经典好书 争当时代工匠”全国工会职工书屋主题阅读交流活动。印发《关于加强新时代职工文化建设的指导意见》，持续举办“五一”特别节目，开展书法美术摄影、歌曲舞蹈曲艺、乒乓球羽毛球大赛、线上运动健身等活动，挖掘推广《麓山之歌》、《钢铁意志》、《南粤工匠》、《奋斗者之歌》、《亿万职工心向党》等文艺作品，培育健康、昂扬向上、全员参与的职工文化。

意识形态工作责任制全面落实。每年开展全国职工思想状况调研，重点关注青年职工、农民工、新就业形态劳动者、互联网企业职工等重点职工群体的思想状况、价值取向、利益诉求和心理健康等情况以及所面临的突出问题。强化大宣传工作理念，印发《关于构建工会大宣传格局 提升工会媒体传播能力工作方案》，制定实施加强和改进工会新闻舆论工作的意见，建立完善工会宣传引导工作机制，修订《中共中华全国总工会党组贯彻落实〈党委（党组）意识形态工作责任制实施办法〉实施细则》，建设工会新媒体矩阵，全国总工会建设全国工会融媒平台、带动各级工会建强用好融媒体中心，开通微信公众号以及今日头条、央视频、抖音官方账号。全面加强工会报刊、网站、“三微一端”、出版社、院校、文艺团体、研究机构等意识形态阵地建设和管理。强化工会网上舆论引导，每年联合主办“网聚职工正能量 争做中国好网民”主题活动。

三、团结动员广大职工积极建功新时代，充分发挥工人阶级主力军作用，有力助推了经济社会高质量发展

劳动和技能竞赛广泛深入持久开展。聚焦国家重大战略、重大工程、重大项目、重点产业，广泛深入持久开展“建功‘十四五’、奋进新征程”等主题劳动和技能竞赛，推动在新产业新业态新组织中开展竞赛活动，以创建“工人先锋号”为载体广泛开展班组竞赛和质量提升活动。五年来，全国开展劳动和技能竞赛的企事业单位工会年均 58.6 万家，参赛职工累计 2.9 亿人次。

职工技术技能素质不断提升。加大对一线技术工人创新创造的支持力度，组织开展“小发明、小创造、小革新、小设计、小建议”等群众性创新创造活动，管好用好职工创新补助资金。五年来，已建工会企事业单位所覆盖职工共提出合理化建议 3991.0 万件、实施 2811.3 万件，开展技术革新 226.7 万项，完成发明创造 106.9 万项，取得国家专利项目 117.8 万项，推广先进操作法 69.1 万项。联合举办多项国家级职业技能大赛，举办全国职工数字化应用技术技能大赛。五年来，全国参加基层以上工会组织技能比赛的职工累计 1.09 亿人次，其中通过技能比赛晋升技术等级的职工 297.2 万人次。深入实施职工素质建设工程，2019 年起，全国总工会每年设立 1000 万元专项扶持资金，带动各地工会加大投入，深入推进“求学圆梦行动”，每年帮助 30 万名职工实现学历和能力提升。

大国工匠示范带动作用充分发挥。举办两届大国工匠创新交流大会、大国工匠论坛，加强职工优秀技术创新成果展示交

流，启动“劳模工匠助企行”专项行动，制定大国工匠激励保障专项资金管理办法，充分发挥劳模工匠在弘扬精神、传承技艺、创新攻关、人才培养中的示范引领作用。深化劳模和工匠人才创新工作室创建活动，五年来，创建命名100家全国示范性劳模和工匠人才创新工作室，全国县级以上地方工会已命名劳模创新工作室3.6万个，建设各级各类工匠学院360余家。2018年起，全国总工会联合开展“大国工匠年度人物”发布活动，共发布40名“大国工匠年度人物”，各省选树宣传省级工匠6600名、地市级工匠超过3.8万名。

产业工人队伍建设改革深入推进。认真履行牵头抓总职责，加强统筹协调，健全完善领导机构和各项工作机制，推动《产业工人队伍建设改革促进法》列入十四届全国人大常委会立法规划，牵头研究制定深化改革的意见，改革取得重要阶段性成效。截至目前，党中央、国务院及相关部门出台配套文件100多个，全国总工会出台20多个，31个省（区、市）均已出台改革实施方案及配套政策文件。发挥企业主体作用，联合制定印发充分发挥国有企业在产改中带动作用的意见，召开非公企业产改推进会，发布倡议书，深入开展十大产业百家企业深化产改专项行动。推动构建产业工人技能形成体系和激励机制，推动完善现代职业教育制度、职业发展制度，畅通技术工人成才通道，建设“技能强国-全国产业工人学习社区”平台，加大产业工人职业技能培训力度。每年组织优秀技术工人休疗养100万人次以上。产业工人在各级党组织和人大、政协、群团组织的代表大会代表、委员会委员中的比例进一步明确，全国县级以上地方工会共配备496名产业工人兼职副主席；2018年以来全国五一劳动奖章表彰中产业工人比例均超过40%。

四、切实履行维权服务基本职责，提高职工生活品质，有力提升了广大职工的获得感、幸福感、安全感

新就业形态劳动者、困难职工等重点群体维权服务扎实有力。联合印发《关于维护新就业形态劳动者劳动保障权益的指导意见》等指导性文件，组织开展“工会伴您益路同行”关爱货车司机行动等温暖关爱新就业形态劳动者系列活动，以货运、网约车、快递、网约配送等行业的12家头部平台企业为重点，推动建立新就业形态劳动者权益协商协调机制。困难职工帮扶成效明显，各级工会累计筹集帮扶资金185亿元，开展专项帮扶2449万人次，工会建档立卡的549.87万户困难职工家庭全部如期实现解困脱困。推进工会帮扶工作与社会救助体系衔接，加强与民政部等相关部门的数据比对和信息共享。开展两节送温暖活动，五年来共筹集资金218.7亿元，慰问职工4250.6万人次。

源头参与力度持续加大。推动并配合完成修改《工会法》。2019年以来，全国总工会先后参与102部涉及职工权益法律法规的制定修改，启动《劳动法典》编纂前期研究。积极参与和推动工会劳动法律监督地方立法，全国12个省（区、市）出台了《工会劳动法律监督条例》。五年来，全国省、市级地方工会参与制定地方性法规、政府规章797个，地方性规范文件2194个。

职工劳动经济权益有效维护。配合政府做好根治欠薪工作，落实欠薪报告制度，推动当地及时科学调整最低工资标准。积极推进稳就业保就业，建设全国工会网上就业服务平台，以困

难群体就业兜底帮扶为依托深化工会就业创业服务，持续开展就业援助活动，五年来累计提供就业服务3704.19万人次。每年开展“尊法守法·携手筑梦”服务农民工公益法律服务行动，五年来，共组织2.1万支“工会干部+律师志愿者”服务分队，服务农民工2900多万人次，调处劳动争议案件14.1万件次，办理法律援助案件10.1万件次，帮助挽回经济损失超过40亿元。深化全国“安康杯”竞赛，参与安全生产大检查和特别重大事故及职业危害事件调查处理。

服务职工阵地品牌建设全面加强。擦亮冬送温暖、夏送清凉、金秋助学、阳光就业、职工医疗互助、职工公益、农民工平安返乡、关爱农民工子女等工作品牌。在大中城市打造服务职工综合体试点，在企业（工业园区）开展企业提升职工生活品质、塑造幸福生活环境试点，建成了一批示范性好、辐射功能强的服务型、枢纽型、高质量服务职工综合体和职工生活幸福、环境良好的企业样板。推动19个省（区、市）党委、政府把工人文化宫建设纳入地方经济社会发展“十四五”规划或民生工程，五年来，工人文化宫等职工文体阵地累计服务职工3.82亿人次。大力加强工会户外劳动者服务站点建设，深入推进工会服务站点双15工程。全国工会系统采取自建、共建等方式，累计投入资金22.7亿元，已建成各类服务站点13.08万个。五年来，工人疗休养院累计接待职工疗休养1998.5万人次，其中劳模疗休养105.33万人次；各级职工互助保障组织参保人数累计2.04亿人次。

女职工权益维护和关爱服务切实加强。开展企业用工成本中的性别差异化、《女职工劳动保护特别规定》实施情况等专题调研，积极促进工作场所性别平等，编写制定《促进工作场所性别平等指导手册》等普法书籍，深化女职工权益保护专项集体合同工作，联合人力资源和社会保障部等相关部门加强开展专项执法检查。推动女职工休息哺乳室建设，做好“会聚良缘”工会婚恋服务等工作。积极推动托管托育服务工作，全国总工会累计投入 2011 万元，补助 534 个全国工会爱心托管班，带动各地举办托管班 1.6 万多个，托管职工子女 40 多万人。

五、积极构建和谐劳动关系，维护劳动领域政治安全，切实促进了职工队伍和工会组织团结统一

协调劳动关系制度机制建设不断加强。推动完善协调劳动关系三方机制，牵头总结评估《中共中央 国务院关于构建和谐劳动关系的意见》落实情况，召开全国工会协调劳动关系工作座谈会，推动印发《关于推进新时代和谐劳动关系创建活动的意见》，召开全国和谐劳动关系创建示范经验交流会，实施劳动关系“和谐同行”能力提升三年行动计划，开展全国和谐劳动关系创建工作先进表彰，培育基层劳动关系公共服务样板站点，开展构建和谐劳动关系行业试点。建立全国总工会协调劳动关系工作协同推进机制，推动建立完善劳动争议多元化解联动协作机制，联合人社、法院、司法等部门构建“调裁诉援”有效衔接工作体系，推进劳动领域多元解纷“一站式”平台建设，地方工会创造性建立职工法律服务“园区枫桥”机制，推动劳动关系矛盾纠纷源头化解、多元化解。目前已建成覆盖全国 31 个省（区、市）、158 个城市、近 3000 家企业、170 余万名职工的工会劳动关系发展态势监测网络。

民主管理工作提质增效。进一步规范集团职代会制度，制定职工代表大会操作指引，推进省级厂务公开协调领导机构建

设，推进政府与同级工会联席会议制度常态化。全国建立职工代表大会（含职工大会）制度的已建工会企事业单位 308.0 万个，覆盖职工 1.81 亿人；建立厂务公开制度的已建工会企事业单位 300.7 万个，覆盖职工 1.77 亿人。推动建立工会的 12 家头部平台企业中的 9 家建立职工代表大会制度。全国 29 个省（区、市）人大通过了 36 部关于民主管理的地方性法规，30 个省（区、市）人大或政府出台了 42 部集体协商地方性法规或政府规章，17 个省（区、市）颁布了工资集体协商条例或政府规章。实施集体协商攻坚计划，开展集体协商稳就业促发展构和谐三年行动，基层企业工会单独签订综合集体合同 76.6 万份，覆盖职工 8808.5 万人；单独签订工资专项集体合同 66.6 万份，覆盖职工 7264.3 万人；全国基层以上工会签订行业（区域）性集体合同覆盖企业 140.3 万个，覆盖职工 4240.4 万人。

落实“五个坚决”要求长效机制有效运转。加强维护劳动领域政治安全体系和能力建设，制定落实“五个坚决”要求长效机制的指导意见及 10 个实施方案，健全工作联动机制，发挥部委协同、地方联动机制和全总平安中国建设协调机制作用，强化劳动关系风险监测、分析、预防和处置，组织开展职工队伍稳定风险隐患排查化解专项工作，配合党委和政府稳慎处置职工群体性事件。健全完善工会信访治理体系，推动全国工会“12351”职工维权服务热线和地方联动机制建设，构建网下办理、网上流转的网上信访工作机制。制定实施“5+1”全国总工会联系引导社会组织工作制度文件体系，各级工会已联系引导社会组织 25.26 万个，购买社会组织服务项目 9592 个、服务职工 3918 万人次、投入资金 14.64 多亿元。

六、扎实推进改革创新，工会的吸引力凝聚力战斗力明显增强，进一步激发了工会组织的生机活力

工会管理制度和运行机制进一步完善。制定和实施《深化工会改革创新实施方案》和《中国工运事业和工会工作“十四五”发展规划》。制定《全总党组定期研究工会重大工作会议制度》等办法，建立和完善全总党组例会制度、一级重大工作双周检查布置会议制度、全国总工会机关重大工作月度检查布置会议制度、周工作循环机制、督查督办制度，推动形成凡工作必有计划、有计划必有目标、有目标必有检查的闭环工作机制。加强财务管理、资产监督管理、经费审查审计监督等方面制度体系建设，提高工会经费和资产使用绩效。全国总工会制定《工会预算管理办法》、《基层工会经费收支管理办法》等30多项财务制度规定，组织全国工会财务、资产专项检查。

工会基层基础不断夯实。制定出台《基层工会会员代表大会条例》，大力推行“重点建、行业建、兜底建”模式，加强以乡镇（街道）、开发区（工业园区）工会为重点的“小三级”工会建设，积极推行网上申请入会、集体登记入会、流动窗口入会、职工沟通会现场入会等便捷方式，扩大工会组织有效覆盖。全国已建工会基层组织222.3万个，覆盖企业、事业、机关和其他单位498.7万个；工会会员数2.56亿人，其中农民工会员数9941.2万人。开展新就业形态劳动者入会集中行动、百人以上企业和社会组织建会专项行动，实施重点群体入会项目制，在江苏、安徽开展货车司机网上入会试点工作。2021年至2023年上半年新增新就业形态劳动者会员1227万人，全国互联网百强企业全部实现建会突破。制定《深入推进新就业形态劳

动者工会工作三年行动计划（2023—2025年）》，明确未来三年基本实现工会组织对平台企业、头部企业和新就业形态劳动者的全覆盖。评选表彰全国模范职工之家，开展模范职工之家“结对共建”。从2021年起常态化、长效化、制度化开展工会机关干部赴基层蹲点工作，2023年下半年全国总工会机关首次派出干部赴平台企业蹲点，全国各级工会机关共组成蹲点工作组1.5万余个，派出蹲点干部4.5万余人，投入服务基层专项经费7.4亿元，规范指导10.7万个基层工会开展工作，为职工11.9万人化解劳动纠纷。开展“县级工会加强年”专项工作，全国总工会带头对口联系100个县级工会，带动实现上级工会领导机关对全国2800多个县级工会对口联系指导全覆盖，促进人力、物力、财力向基层倾斜。

智慧工会建设稳步推进。编制《全国工会网络安全和信息化“十四五”规划（2021—2025年）》，打造逻辑统一、覆盖全国的工会大数据系统和服务平台，搭就全国工会服务平台框架，省级工会开展网上工作平台建设并上线运行，搭建“工会智慧数据系统”，汇聚工会实名制会员约1.7亿人、工会组织约216万个、工会涵盖单位182万个，将困难帮扶、工会法人、工会资产、统计年报等10类全国总工会本级业务数据纳入智慧数据系统。完成全国总工会电子政务内网项目、电子公文系统内部试点项目、信创工程、网上办公平台项目、信息化基础设施及安全项目和“十四五”全总信息化工程（一期）项目建设等。制定《加快工会数字化建设工作方案》，加快推进工会数字化转型，着力推动工会工作服务化、体系化、品牌化、创新化、数字化建设，构建工会网上工作新形态。

产业工会活力充分激发。召开全国产业工会工作座谈会，健全完善领导机构和工作机制，加强产业工会与相关部委、群团组织、行业协会、中央企业以及新业态头部企业的沟通联络，组织完成各全国产业工会换届工作，调整和优化各全国产业工会委员单位结构，制定《全国产业工会工作评价体系和激励机制实施办法（试行）》和《全国产业工会工作评价指标体系（试行）》，组织开展全国产业工会工作评价，研究解决产业工会和职能部门职责交叉问题，推动产业工会开展各具特色的工作。

七、积极服务国家总体外交，工会对外交流合作广泛开展，显著提升了中国工会形象地位

不断加强工会对外交流。成功举办第十一届金砖国家工会论坛、“中国共产党领导下的中国工运事业发展”多边视频交流会。面向国际劳工界广泛宣传党的十九大、二十大以及历次中央全会精神，宣传构建人类命运共同体、共建“一带一路”、全球发展倡议、全球安全倡议、全球文明倡议等理念和主张，努力营造于我有利的外部环境。第四次成功当选国际劳工组织工人正理事，针对国际劳工组织未来发展战略、标准审议、预算草案等议题，积极阐述我方立场，代表广大发展中国家发声。继续巩固和深化与亚非拉国家工会的交流合作，派团出席国际劳工大会、国际劳工组织理事会会议、二十国集团劳动会议、金砖国家工会论坛等国际劳工界重要会议，提出中国方案、贡献中国智慧，不断扩大中国工会的国际影响力。

扎实推进工会“一带一路”品牌项目建设。深入基层开展“一带一路”沿线国家中资企业劳动关系状况调研，搭建中资企业与当地工会沟通平台。继续开展“一带一路”沿线国家工

会干部汉语研修奖学金项目，积极筹备上合组织国家工匠研修学堂的各项工作，加强对发展中国家工会领导人的能力建设，推动培养知华、友华、亲华力量。出席中巴经济走廊联委会产业合作联合工作组第五次会议，配合做好中巴经济走廊数据库建设、中巴职工交流合作备忘录落实等相关工作，加强与“一带一路”沿线国家工会的互访交流。

切实维护我主权、安全、发展利益。举办中外口岸职工交流活动，设置国际劳工组织代表访问新疆议程，指导香港工会代表和新疆职工代表在国际劳工大会审议涉华案例时发言，有力回击美西方污我言论，科学研判和防范化解国际劳工领域风险隐患。向联合国人权高专办、联合国经社理事会等机构宣介中国人权状况和中国工会维护职工合法权益等实践经验，配合做好对外人权斗争工作。

加强与港澳台工会组织和劳动界交流合作，支持港澳爱国工会力量，支持坚持一个中国原则和“九二共识”的台湾工会团体力量，做好港澳工会青年研讨营、港澳工会“五一”代表团、海峡职工论坛、台湾工会青年研讨营、台湾船员培训发证等品牌交流活动，做好对港澳工会和职工的关心关怀工作。联合协作开展中国海员技能大比武职工职业技能竞赛，组织开展文化、体育交流活动。积极在工会领域完善保障台湾同胞福祉和享受同等待遇的政策措施，探索推动将在内地（大陆）工作的港澳台职工纳入当地劳模等荣誉称号评选范围，着力做好在大陆工作的台胞职工服务工作，引导港澳台职工融入祖国发展，积极投身粤港澳大湾区建设。加强粤港澳三地工会协调合作，围绕粤港澳大湾区建立职工服务体系，支持港澳工会依法开展内地服务工作，推动构建粤港澳大湾区工会工作新格局。

八、认真贯彻新时代党的建设总要求，全面加强党的建设，不断营造了风清气正的政治生态

全面从严治党引向深入。认真落实新时代党的建设总要求，每年召开全国工会推进全面从严治党工作会议，对工会系统党的建设作出全面部署，制定贯彻落实加强党的政治建设意见、加强和改进中央和国家机关党的建设意见的具体措施。持续加强工会巡视工作，全力支持配合中央巡视、经济责任审计，认真抓好各项整改，健全全总党组巡视制度机制，组织开展六轮巡视，实现全国总工会直属单位巡视全覆盖。自觉接受各级纪委监察机关驻工会机关纪检监察组监督，全总党组与派驻纪检监察组定期开展会商。

干部工作作风持续改进。广泛创建“忠诚党的事业、竭诚服务职工”模范政治机关，研究制定《关于在工会大兴调查研究的具体措施》，严格执行中央八项规定及其实施细则精神，组织开展形式主义突出问题集中排查整治，大幅减少各类会议，超过中央确定的精简30%的目标，精简压缩110余项统计指标。制定全总党组关于加强对“一把手”和领导班子监督的具体举措，开展“一把手”述责述廉和集体谈话，建立完善机关处级以下党员干部廉政档案。加强基层党组织建设，推进党支部标准化规范化建设，涌现出一批“四强”党支部。深入开展纪律教育、廉洁教育和警示教育。

工会干部专业化水平不断提升。坚持把政治标准放在首位，树立选人用人正确导向，制定实施全国总工会机关部门综合考核、工作人员年度和平时考核办法，激励干部担当作为、干事创业。制定实施全国工会干部教育培训五年规划，推动建设高

素质专业化工会干部队伍。加强工会社会工作专业人才队伍建设，落实工资分级负担补贴制度，全国已选聘社会化工会工作者4.43万名。

新时代新征程中国工人阶级和工会工作的主题和方向

李睿祎

中国工会十八大报告指出，党的中心任务就是中国工人运动和工会工作的主题和方向。党的二十大擘画了全面建设社会主义现代化国家的宏伟蓝图，提出从现在起，团结带领全国各族人民全面建成社会主义现代化强国、实现第二个百年奋斗目标，以中国式现代化全面推进中华民族伟大复兴，是党的中心任务。新时代新征程，中国工会要牢牢把握中国工人阶级和工会工作的主题和方向，组织动员亿万职工群众为全面建设社会主义现代化国家、以中国式现代化全面推进中华民族伟大复兴发挥主力军作用。

一、把中国共产党的中心任务作为工人阶级和工会工作的主题和方向是中国工运的天然属性和优良传统

习近平总书记在 2023 年 10 月 23 日同全国总工会新一届领导班子成员集体谈话时强调，要把广大职工群众紧密团结在党的周围，为实现党的中心任务而团结奋斗。团结动员广大职工群众为实现中国共产党的目标任务而奋斗是中国工会的重要使命，这是中国共产党的性质决定的，也是中国工人阶级和工会

性质决定的。中国共产党是中国工人阶级的先锋队，中国共产党的成立是马克思主义理论与中国工人运动相结合的产物。我国工人运动是在党直接领导下发展起来的，工人运动的发展为中国共产党的成立奠定了坚实的阶级基础。中国工会是中国共产党领导的工人阶级群众组织，是党领导工人运动的重要组织力量，一百多年来，始终做到以党的旗帜为旗帜、以党的意志为意志、以党的使命为使命。

1920 年 11 月，在上海共产主义小组领导下，成立了党领导工人阶级建立的第一个工会组织——上海机器工会。1921 年中国共产党成立后，把领导工人运动作为主要工作，第一次全国代表大会通过的《中国共产党第一个纲领》明确，党的根本任务是领导无产阶级进行革命斗争；《中国共产党第一个决议》明确，要把工人组织起来和开展工人运动的工作原则。中国共产党公开建立中国劳动组合书记部作为领导工人运动的工作机构，党领导的工人运动逐渐成为中国工人运动的主流，党的中心任务就是工人运动的主流。回顾中国工会近百年的光辉历程，中国工会始终根据党的中心工作确定自己的方针、思路、内容和重点，团结动员广大职工群众为实现党在不同历史时期确立的纲领、目标和中心任务而奋斗。

二、新时代新征程坚持工运主题和方向对工人阶级和工会组织提出了新任务新要求

党的二十大报告指出，从现在起，中国共产党的中心任务就是团结带领全国各族人民全面建成社会主义现代化强国、实现第二个百年奋斗目标，以中国式现代化全面推进中华民族伟大复兴。团结带领全国各族人民全面建成社会主义现代化强国、

实现第二个百年奋斗目标，以中国式现代化全面推进中华民族伟大复兴，这就是新时代新征程中国工人阶级和工会工作的主题和方向，这对工人阶级和工会组织提出了新任务新要求。

要切实把握新时代新征程工运主题和方向对工人阶级提出的新任务。我国是社会主义国家，工人阶级是我国的领导阶级，是中国共产党最坚实最可靠的阶级基础，是实现党和国家不同历史时期目标任务的主力军。实现全面建成社会主义现代化强国、实现第二个百年奋斗目标，根本上要靠包括工人阶级在内的全体人民的建功立业、创新创造。习近平总书记在2022年10月17日参加党的二十大广西代表团讨论时指出，“我们的现代化既是最难的，也是最伟大的，从这个角度看，紧紧依靠工人阶级是必不可少的，工人阶级代表先进生产力。”在2023年4月30日“五一”国际劳动节来临之际，习近平总书记向全国广大劳动群众致以节日的祝贺和诚挚的慰问，希望广大劳动群众依靠劳动创造扎实推进中国式现代化，在强国建设、民族复兴的新征程上充分发挥主力军作用。

当今世界百年未有之大变局加速演进，人工智能等新科技革命浪潮方兴未艾，我国正处在转变发展方式、优化经济结构、转换增长动力的攻关期。在国际分工中，我国从垂直分工的低端逐步上升，在全球产业分工中所处的位置不断提升，产业不断转型升级。但在总体上，仍处于国际分工产业链和价值链的中低端，制造业大而不强，关键核心技术受制于人的局面尚未根本改变，核心技术、关键技术对外依存度为50%，32%的关键材料在中国仍为空白，52%依赖进口，产业链、供应链还存在诸多“断点”、“堵点”。我国有9亿劳动年龄人口，产业工人总数近2亿，占我国就业人口的22%。我国产业工人队伍虽然规模大，但存在技能素质总体不高、技术工人总量不足等问题。经济发展方式的转变、产业结构的升级、技术创新的发展，以中国式现代化推进强国建设、民族复兴，需要包括工人阶级在内的一大批高素质的劳动力大军，这对工人阶级提高技术技能素质、立足岗位建功立业、创新创造加快解决“卡脖子”难题提出新挑战。

要切实把握新时代新征程工运主题和方向对工会组织提出的新课题。从工会工作对象看，当前职工队伍的数量结构、思想状况、教育水平等发生深刻变化，据全国总工会2022年开展的第九次全国职工队伍状况调查显示，目前全国职工总数4.02亿，新就业形态劳动者8400万，农民工2.95亿，职工受教育程度普遍提高，平均受教育年限13.8年，95.3%的职工有兴趣学习新的职业技能或知识，职工更加注重自身的职业规划和长远的职业发展，更加期望工会组织能够发挥更大作用，希望工会能够提供更便捷、更专业、更精准的维权服务。

从劳动关系变化看，新一轮科技革命和产业变革加速演进，以5G、移动互联网、大数据、云计算、人工智能等为代表的信息技术迅猛发展，催生了大量新经济、新技术、新产业、新业态，涌现了以货车司机、网约车司机、快递员、外卖配送员等为代表的大量新就业形态劳动者，他们工作地点灵活不固定，流动性大、分散性强，一部分不具备标准劳动关系，线上易召集、线下难联系，与工会属地化组建和管理为主的传统方式不适应，入会后对他们的服务方式和内容、管理模式和手段、经费使用和保障等都与传统工会区别较大，这些都增加了工会组织覆盖和工作覆盖的难度。

从工会组织自身看，党的二十大报告指出，要深化工会、共青团、妇联等群团组织改革和建设，有效发挥桥梁纽带作用。这对各级工会组织深化改革创新提出新的更高要求。在中国式现代化的大背景下，面对产业结构的调整、平台经济的兴起、职工队伍的变化，如何更好地组织职工、宣传职工、教育职工、引导职工，更好地做好统一思想、凝聚人心、化解矛盾、增进感情、激发动力的工作，是工会亟待破解的新课题。

三、新征程上做好工会工作必须把牢主题和方向

主题和方向的明确，对于引领和推动新时代工会工作至关重要。坚持以主题和方向引领新时代工会工作，涉及组织职工建功立业、提高技术技能素质、履行维权服务基本职责、加强工会改革和建设等工会工作全过程各方面，其中，根本是坚持党的领导，重点是坚持“国之大者”，关键是坚持职工导向，基点是坚持守正创新。

（一）坚持党的领导是把握主题和方向的根本。

坚持党的领导，是做好工会工作的根本保证，是工会组织必须坚持的正确政治方向，是工人阶级和工会工作主题和方向的核心问题。坚持以时代主题和方向引领新时代工会工作，就是要把坚持党的领导全面地、有效地贯彻落实到工会工作全过程和各方面，提高政治站位，把准政治方向，坚定政治立场，明确政治态度，始终把工会组织置于党的领导之下，自觉维护党中央权威，自觉同党的基本理论、基本路线、基本方略对标对表，任何时候、任何情况下都要坚持同党中央保持高度一致，任何时候、任何情况下都要坚持以党的旗帜为旗帜、以党的方向为方向、以党的意志为意志，在党中央

统一指挥的合奏中形成和声，严守政治纪律和政治规矩，党中央提倡的坚决响应、党中央决定的坚决照办、党中央禁止的坚决不做，在大是大非问题面前立场坚定、旗帜鲜明，在关键时刻敢于冲锋陷阵、发声亮剑，一心一意、一以贯之，表里如一、知行合一，真正做到忠诚党和人民，忠诚党的理想信念，忠诚党的初心使命，忠诚党的组织，忠诚党的理论和路线方针政策，与党中央同心同德，真心爱党、时刻忧党、坚定护党、全力兴党。

（二）坚持“国之大者”是把握主题和方向的重点。

为党和国家工作大局服务，始终是工会工作的价值所在。胸怀“国之大者”，把工会工作始终放到党和国家工作大局中把握和推进，是工人阶级和工会工作主题和方向的根本问题。坚持以时代主题与方向引领新时代工会工作，就是要强化大局观念，对“国之大者”心中有数，关注党中央在关心什么、强调什么，深刻领会什么是党和国家最重要的利益、什么是最需要坚定维护的立场，找准坐标、选准方位、瞄准靶心，着眼党和国家工作大局，在大局下思考、在大局下行动，时刻牢记党中央确立的战略目标，敢于担当，善于作为，既为一域争光，更为全局添彩，为国分忧、为国解难、为国尽责，找准工会工作与党的中心任务的结合点、切入点、着力点，推动党中央决策部署在工会系统落实落地。实现全面建成社会主义现代化强国、实现第二个百年奋斗目标，就是“国之大者”，就是党和国家的工作大局所在，这也是新时代工会组织的“国之大者”和工会工作的大局。坚持以时代主题和方向引领新时代工会工作，就是要把工会工作融入实现全面建成社会主义现代化强国、实现第二个百年奋斗目标的大棋局，明确职责定位、展现自身价值，充分激发广大职工群众主人翁精神，充分发挥工人阶级主力军作用，组织动员亿万职工为强国建设、民族复兴建功立业。

（三）坚持职工导向是把握主题和方向的关键。

中国工会是中国共产党领导的职工自愿结合的工人阶级群众组织，是会员和职工利益的代表，基本职责是维护职工合法权益、竭诚服务职工群众。坚持以职工为中心的工作导向，保障职工群众经济、政治、文化、社会权益是我国社会主义制度的根本要求，是党和国家的神圣职责，是发挥广大职工群众积极性、主动性、创造性最重要最基础的工作，也是工人阶级和工会工作主题和方向的关键。实现全面建成社会主义现代化强国、实现第二个百年奋斗目标，出发点和落脚点就是为了人民幸福。工会要赢得职工群众信赖和支持，必须坚持以职工为中心的工作导向，做好维护职工群众切身利益工作，促进社会公平正义，如果不能为职工群众服务，不能帮助职工群众排忧解难，职工群众就不会跟着走。中国工会从诞生之日起，就致力于争取和维护职工合法权益，1925 年中华全国总工会成立时把“救济工人”写入总章，党的二大《关于“工会运动与共产党”的议决案》明确工会就是保护工人切身的利益和为工人的利益奋斗的机关。坚持以时代主题和方向引领新时代工会工作，就是要盯牢群众所急、党政所需、群团所能的领域，重点帮助群众解决日常工作生活中最关心、最直接、最现实的利益问题和最困难、最操心、最忧虑的实际问题，高举维权大旗，积极主动有为，哪里的职工合法权益受到侵害，哪里的工会组织帮助职工通过合法渠道、正常途径，合理伸张利益诉求。通过扎实有效的维权服务工作，不断提升工会组织对广大职工的引领力、组织力、服务力，引导职工同心同德、团结奋斗，听党话、跟党走，筑牢广大职工为全面建成社会主义现代化强国、实现第二个百年奋斗目标团结奋斗的共同思想基础。

（四）坚持守正创新是把握主题和方向的基点。

党的十八大以来，群团组织改革被纳入全面深化改革的总体布局之中。2015 年 1 月印发的《中共中央关于加强和改进党的群团工作的意见》指出，新形势下，党的群团工作只能加强，不能削弱；只能改进提高，不能停滞不前；提出“六个坚持”的基本要求，其中一个“坚持”即坚持与时俱进、改革创新；群团组织改革要加强群团的基层组织建设，健全依靠所联系群众推进工作制度，提升运用互联网开展群团工作的能力和水平等。习近平总书记在多个重要场合对工会改革创新提出明确要求。党的二十大报告强调要深化工会、共青团、妇联等群团组织改革和建设。坚持守正创新，是以中国式现代化推进强国建设、民族复兴的必然要求，是工人阶级和工会工作主题和方向的关键问题。主题和方向具有鲜明的时代性，不同时代党的中心任务是不断发展变化的，工运时代主题与党的中心任务紧密相连，与时代同步伐，是对广大工人阶级共同的奋斗方向、使命任务的集中归纳概括，汇聚了职工群众的共同追求，体现了所处时代的基本特征。坚持以时代主题和方向引领新时代工会工作，必须要准确把握时代脉搏，坚持守正创新，处理好继承与发展的关系。“守正”就是要坚持党的领导和社会主义制度这一根本；“创新”就是要聚焦保持和增强政治性、先进性、群众性的目标方向，适应全面深化改革的重要任务，适应工会组织面临的新形势新任务，适应广大职工群众的新期待新需求，把握新时代新征程工运事业和工会工作的特点与规律，破除与时代发展进程不相符合的旧观念、旧模式、旧做法，善于用新的理念、思路、方法、手段处理工会工作遇到的新情况新问题，创新组织体制、运行机制、活动方式、工作方法，推进理论创新、实践创新、制度创新。

准确把握今后五年工会工作的总体要求

李　阳

中国工会十八大报告明确了今后五年工会工作的总体要求。准确把握总体要求，从逻辑层次上讲，坚持以习近平新时代中国特色社会主义思想为指导，全面贯彻党的二十大精神，深入贯彻习近平总书记关于工人阶级和工会工作的重要论述，这是新时代新征程做好工会工作的根本遵循；紧紧围绕党和国家工作大局，忠诚党的事业、竭诚服务职工，这是各级工会组织义不容辞的职责担当；改革创新、奋发进取，保持和增强政治性、先进性、群众性，持续提高引领力、组织力、服务力，充分发挥党联系职工群众的桥梁纽带作用，这是深化工会改革建设的方向动力；团结引导亿万职工群众坚定不移听党话、跟党走，为全面建设社会主义现代化国家、全面推进中华民族伟大复兴发挥主力军作用，这是我国工人阶级和工会组织担负的历史使命。四个方面相互联系、相互促进，构成了一个高屋建瓴、逻辑缜密的有机整体，为不断开创新时代工运事业和工会工作新局面进行了科学布局。

一、准确把握新时代新征程做好工会工作的根本遵循

党的十八大以来，以习近平同志为主要代表的中国共产党人，勇于进行理论探索和创新，以全新的视野不断深化对人类社会发展规律、社会主义建设规律、共产党执政规律的认识，取得重大理论创新成果，形成了习近平新时代中国特色社会主义思想，这一思想实现了马克思主义中国化时代化新的飞跃，为新时代党和国家事业发展提供了根本遵循。习近平总书记始终高度关心重视工人阶级和工会工作，对工人阶级和工会工作的思考和论述一以贯之，并不断深化、不断拓展。中国工会十七大报告用“八个坚持”对习近平总书记关于工人阶级和工会工作的重要论述作了系统总结。中国工会十八大报告在“八个坚持”基础上，对党的十九大以来习近平总书记在我国工运事业实践探索中的新思想新观点新论述作了进一步梳理和提炼，用“八个要”的表述进一步拓展和丰富了重要论述的深邃内涵。习近平总书记关于工人阶级和工会工作的重要论述是习近平新时代中国特色社会主义思想的重要组成部分，是对中华优秀传统劳动文化的传承和弘扬，是对党领导工运事业丰富实践和宝贵经验的提炼和升华，把我们党对工人运动和工会工作的规律性认识提升到一个新高度，为新时代工运事业和工会工作创新发展指明了前进方向。

坚定不移坚持党的领导。习近平总书记强调，坚持党的领导必须全面地、有效地贯彻落实到工会工作全过程和各方面。坚持党的领导是做好工会工作的最高政治原则和根本保证。百年工运实践充分表明，只有在党的领导下，中国工人运动才能

始终朝着正确方向前进，中国工会才能成为强国建设、民族复兴的重要力量，中国工运事业才能蓬勃发展，不断从胜利走向胜利。我们要坚决贯彻落实党的大政方针和决策部署，深刻领悟“两个确立”的决定性意义，增强“四个意识”、坚定“四个自信”、做到“两个维护”，始终在思想上政治上行动上同以习近平同志为核心的党中央保持高度一致。

坚持不懈用习近平新时代中国特色社会主义思想凝心铸魂。伟大实践催生伟大思想，伟大思想引领伟大时代。新时代十年来，以习近平同志为核心的党中央团结带领全党全军全国各族人民全面贯彻习近平新时代中国特色社会主义思想，全面贯彻党的基本路线、基本方略，采取一系列战略性举措，推进一系列变革性实践，实现一系列突破性进展，取得一系列标志性成果，攻克了许多长期没有解决的难题，办成了许多事关长远的大事要事，推动我国迈上全面建设社会主义现代化国家新征程，实现中华民族伟大复兴进入了不可逆转的历史进程。实践深刻表明，中国共产党为什么能，中国特色社会主义为什么好，归根到底是马克思主义行，是中国化时代化的马克思主义行。习近平新时代中国特色社会主义思想在实践中展现出强大真理力量和独特思想魅力，是为新时代伟大变革所证明的科学理论。在当代中国，坚持和发展习近平新时代中国特色社会主义思想，就是真正坚持和发展马克思主义。要深入学习领会这一思想的科学内涵、精神实质、实践要求，准确把握这一思想的世界观和方法论，坚持好、运用好贯穿其中的立场观点方法，内化于心，外化于行，努力把学习成效转化为指导实践、推动工作创新发展的强大力量。深化对习近平总书记关于工人阶级和工会工作重要论述的学习领会、宣传贯彻、研究阐释，努力做到学思用贯通、知信行统一。

二、准确把握工会忠诚党的事业、竭诚服务职工的职责担当

把人民对美好生活的向往作为我们党的奋斗目标，是习近平新时代中国特色社会主义思想的重要内容。习近平总书记强调，工人阶级和广大劳动群众是社会财富的主要创造者，推动全体人民共同富裕取得更为明显的实质性进展，首先要体现在亿万劳动者身上；工会作为职工利益的代表者和维护者，要认真履行维权服务基本职责，着力解决关系职工群众切身利益的实际问题。坚持以职工为中心的工作导向，抓住职工群众最关心最直接最现实的利益问题，履行好维权服务基本职责，实现好、维护好、发展好职工群众的根本利益，不断满足职工群众对美好生活的向往，推动实现共同富裕，是各级工会的重要任务。

当前，我国职工队伍不断发展壮大，工人阶级先进性有力彰显，职工就业、劳动报酬等权益较好实现。但与此同时，受产业结构调整、平台经济兴起、择业观念变化等因素影响，职工队伍发展面临新的形势和挑战。根据 2022 年组织开展的第九次全国职工队伍状况调查，职工权益保障面临新情况新问题，主要表现在：我国中等收入群体占比较小，低收入群体所占比重较大，工资增速有所放缓；职工压力感和休息不足成为新的职业困扰，心理健康成为需要予以关注的问题；新就业形态劳动者社会保险等权益实现还存在短板，劳动关系矛盾存在潜在风险。对此，中国工会十八大报告就着力维护职工群众劳动经济权益、大力开展服务帮扶、加强企事业单位民主管理制度建设、积极推动构建和谐劳动关系、强化维护劳动领域政治安全

体系和能力建设等维权服务重点工作作了部署。全国各级工会组织要认真贯彻落实决策部署，积极应对职工队伍和劳动关系新情况新变化，及时反映基层和职工愿望呼声，充分履行维权服务基本职责，真正成为职工最可信赖的“知心人”、“贴心人”、“娘家人”。

坚持以职工为中心的工作导向，为实现广大职工群众对美好生活的向往加大维权服务力度。实现职工群众对美好生活的向往，是坚持以人民为中心的发展思想和全心全意依靠工人阶级方针的必然要求。切实维护职工劳动经济权益，加大对供给侧结构性改革、产业转型升级过程中职工就业、收入分配、社会保障、劳动安全卫生等方面权益的维护力度。构建多层次常态化帮扶格局，建立困难帮扶、送温暖走访、互助保障相互衔接、层次清晰的帮扶工作机制，做好货车司机、网约车司机、快递员、外卖配送员等新就业形态劳动者入会和维权服务工作，加大组织覆盖、工作覆盖、服务覆盖力度，推动完善适应新就业形态的社会保障模式。努力保障职工民主政治权利，健全以职工代表大会为基本形式的企事业单位民主管理制度，畅通民主参与渠道，依法保障职工知情权、参与权、表达权、监督权，切实落实好职工主人翁地位。促进职工享有更充足的生活福利，构建以精准帮扶和普惠性服务为重点的工会服务职工体系，为职工提供更加方便快捷、更高标准和更具个性化的服务。促进职工享有更丰富的精神文化生活，推动形成健康文明、昂扬向上、全员参与的职工文化，引导广大职工通过拼搏奋斗创造美好生活，实现体面劳动、舒心工作、全面发展。

构建和谐劳动关系，切实维护劳动领域政治安全，维护职工队伍团结统一和社会大局和谐稳定。劳动关系是生产关系的重要组成部分，是最基本、最重要的社会关系之一。劳动关系是否和谐，不仅直接关系企业的发展和职工利益的实现，而且关系社会和谐稳定与发展进步。职工权益的实现和保障，主要是在劳动关系的建立、运行、监督、调处的过程中体现出来的，维护职工权益必须加强协调劳动关系，这是工会工作必须突出的一条主线。推动落实协调劳动关系三方机制、政府和工会联席会议制度，加强平等协商和集体合同制度建设，建立规范有序、公正合理、互利共赢、和谐稳定的劳动关系。严格落实意识形态工作责任制，牢牢把握意识形态话语权和主动权，加强职工思想政治引领，筑牢职工群众听党话、跟党走的思想根基。认真贯彻总体国家安全观，坚持维权与维稳相统一，健全劳动关系风险监测、分析、预防和处置机制，继续开展劳动领域风险隐患排查，将风险隐患化解在基层一线、消除在萌芽状态，以实际行动把“五个坚决”要求落到实处，确保“五个不发生”，坚决维护劳动领域政治安全。

三、准确把握深化工会改革建设的方向动力

党的二十大报告指出，深化工会、共青团、妇联等群团组织改革和建设，有效发挥桥梁纽带作用。中国工会十八大报告对深化工会改革和建设作了进一步强调和谋划，对持续深化工会机关改革、健全完善工会组织体系、健全完善资金资产管理体系、全面加快工会系统数字化建设、落实全面治党政治责任、加强工会干部队伍建设等重点工作作了部署。各级工会要按照党中央决策部署，贯彻落实中国工会十八大精神，始终围绕保持和增强政治性、先进性、群众性这个根本标尺，持续提高工会组织的引领力、组织力、服务力，持之以恒深化工会改革和

建设，有效发挥党联系亿万职工群众的桥梁纽带作用，把工会组织建设得更加充满活力、更加坚强有力。

习近平总书记强调，时代在发展，事业在创新，工会工作也要发展、也要创新。要自觉运用改革精神谋划推进工会工作，创新组织体制、运行机制、活动方式、工作方法，推动工会工作再上新台阶。工会应该同职工群众打成一片、融为一体，不能存在“最后一公里”。推进工会、共青团、妇联等群团组织增强政治性、先进性、群众性，发挥联系群众的桥梁纽带作用，组织动员广大人民群众坚定不移跟党走。这些重要论述，明确了工会改革和建设的重大意义、目标方向、基本原则和重点任务，为不断深化工会改革和建设提供了根本遵循。党的十八大以来，在以习近平同志为核心的党中央坚强领导下，全国各级工会以制定和实施《全国总工会改革试点方案》、《深化工会改革创新实施方案》、《中国工运事业和工会工作“十四五”发展规划》为抓手，分阶段、有步骤地推进工会改革和建设，推动新时代党的工运事业和工会工作实现全面进步、全面提高。可以说，新时代工会改革和建设从试点先行、全面铺开，到整体推进、纵深发展，再到系统集成、提质增效，决心越来越大，力度越来越强，举措越来越实，成效越来越好，已经取得了重要阶段性成果。通过深化工会改革和建设，全面加强了党对工运事业和工会工作的领导，提升了工会联系服务职工的能力，激发了工会干部队伍的精气神，增强了工会组织的政治性、先进性、群众性，提高了工会组织的引领力、组织力、服务力，开创了工会工作的新局面，展现了工运事业的新气象。

增强深化工会改革和建设的使命感责任感。党的二十大报告再次作出深化工会等群团组织改革和建设的重要部署，这既是对党的十八大以来工会等群团组织改革所取得成绩、积累经验的充分肯定，更是立足新征程对深化工会等群团组织改革和建设作出的重大决策，特别是把工会改革和建设进行整体部署、一体推进，充分体现改革和建设相辅相成、相互促进的辩证关系。新时代新征程，工会工作的对象、领域、任务、方式、环境等都发生许多新的变化，在思想引领、作用发挥、维权服务、组织覆盖、队伍稳定等方面，对工会改革和建设都提出了亟需回应、亟需破解的新课题。面对新形势新任务新挑战，工会组织必须强化使命担当，继续在建机制、强功能、增实效上下功夫，以实事求是、求真务实的作风和善始善终、善作善成的精神推动工会改革和建设向纵深发展。

运用科学思维方法，保障工会改革和建设行稳致远。工会改革和建设既需要科学理论体系的正确指导，也需要科学思维方法的有力支撑。着眼增强工会改革和建设的系统性、整体性、协同性，加强系统谋划、顶层设计，优化资源配置，完善创新工作体系、工作内容和工作方式，提高改革综合效能。加强对重大改革问题的调查研究，坚持因地制宜推进改革，在重点领域和关键环节持续用力，以实际成效落实改革部署、检验改革成色。认真贯彻新时代党的建设总要求，以党的政治建设为统领，加强党的各项建设，落实全面从严治党政治责任，强化党组织政治功能和组织功能，坚持以严的基调正风肃纪，持之以恒加强工会干部队伍建设，推动工会系统党的建设高质量发展。

四、准确把握工人阶级和工会组织担负的历史使命

党的二十大报告指出，“我国是工人阶级领导的、以工农联盟为基础的人民民主专政的社会主义国家，国家一切权力属于

人民”，强调“全心全意依靠工人阶级”。这是我们党对工人阶级领导地位、全心全意依靠工人阶级方针的鲜明重申和郑重宣示，对于全国各级工会始终坚持全心全意依靠工人阶级方针，牢牢把握我国工人运动的时代主题，组织动员工人阶级和广大劳动群众建功立业、创新创造，在推进中国式现代化进程中充分发挥主力军作用，具有重要的政治意义、理论意义和实践意义。

习近平总书记多次强调，必须充分发挥工人阶级的主力军作用。工人阶级是我国的领导阶级，是我国先进生产力和生产关系的代表，是我们党最坚实最可靠的阶级基础，是全面建成小康社会、坚持和发展中国特色社会主义的主力军。要把广大职工群众紧密团结在党的周围，为实现党的中心任务而团结奋斗，充分调动广大职工群众的积极性、主动性、创造性，积极投身全面推进强国建设、民族复兴的伟大事业。各级党委和政府要高度重视技能人才工作，大力弘扬劳模精神、劳动精神、工匠精神，激励更多劳动者特别是青年一代走技能成长、技能报国之路，培养更多高技能人才和大国工匠，为全面建设社会主义现代化国家提供有力人才保障。全面建设社会主义现代化国家，符合全国各族人民根本利益和共同愿望，我国工人阶级和广大劳动群众要坚定不移听党话、矢志不渝跟党走，当好主人翁、建功新时代。我国广大职工要牢牢把握为实现中国梦而奋斗的时代主题，把自身前途命运同国家和民族命运紧紧联系在一起，把实现党和国家确立的发展目标变成自己的自觉行动，爱岗敬业、争创一流，以不懈奋斗书写新时代华章，共同创造幸福生活和美好未来。习近平总书记的重要指示和殷殷叮嘱，激励着亿万职工群众爱岗敬业、勤奋工作，锐意进取、勇于创造，不断谱写新时代的劳动者之歌。中国工会十八大报告就强化职工思想政治引领、深化产业工人队伍建设改革、广泛深入持久开展劳动和技能竞赛、突出发挥劳模工匠示范引领作用等围绕发挥主力军作用相关重点工作作了部署。

工人阶级始终是我们党最坚实最可靠的阶级基础。我们党自成立之日起，就把自己定性为工人阶级政党，在领导伟大事业及推进重要工作时，历来高度重视工人阶级的作用。在新民主主义革命时期，党依靠工人阶级进行武装斗争，工人阶级围绕争取民族独立、人民解放浴血奋战，为推翻帝国主义、封建主义、官僚资本主义三座大山建立了历史功勋；在社会主义革命和建设时期，党依靠工人阶级进行社会主义革命、推进社会主义建设，工人阶级坚决响应党的号召，以极大的政治热情和革命精神，为建立和巩固人民当家作主的新政权、建立起独立的比较完整的工业体系和国民经济体系创造了不朽业绩；在改革开放和社会主义现代化建设新时期，党依靠工人阶级推进现代化建设，工人阶级识大体、顾大局，踊跃投身经济社会建设，自觉维护安定团结的政治局面。中国特色社会主义进入新时代，工人阶级坚定不移沿着习近平总书记指引的方向，围绕全面建成小康社会、实现第一个百年奋斗目标团结奋斗作出了重大贡献。历史证明，我国工人阶级从来都具有走在前列、勇挑重担的光荣传统，我国工人运动从来都同党的中心任务紧密联系在一起，工人阶级和广大劳动群众始终是推动我国经济社会发展、维护社会安定团结的根本力量。

新征程赋予工人阶级伟大而光荣的使命，新时代召唤工人阶级谱写壮丽而崭新的篇章。习近平总书记指出，“我们的现代化既是最难的，也是最伟大的，从这个角度看，紧紧依靠工人阶级是必不可少的，工人阶级代表先进生产力。”要把广大职工群众紧密团结在党的周围，为实现党的中心任务而团结奋斗。党的十八大以来，我们党把全心全意依靠工人阶级方针贯彻到经济建设、政治建设、文化建设、社会建设、生态文明建设以及党的建设各方面，落实到党和国家政策制定、工作推进全过程，体现到企业生产经营各环节，工人阶级的积极性、主动性、创造性得到充分彰显。全国各级工会组织动员工人阶级和广大职工群众始终以主人翁姿态建功新时代、奋进新征程，满怀信心投身强国建设、民族复兴的火热实践。聚焦落实党的二十大作出的战略部署，围绕完整、准确、全面贯彻新发展理念，加快构建新发展格局，着力推动高质量发展，广泛深入持久开展劳动和技能竞赛，开展群众性创新创造活动，助力提升企业竞争力、劳动生产率、产业发展水平。持续深化产业工人队伍建设改革，落实产业工人思想引领、建功立业、素质提升、地位提高、队伍壮大等重点工作，强化资源协同、政策联动，多措并举推动整体提升，充分激发产业工人的创造精神和奋进力量。大力弘扬劳模精神、劳动精神、工匠精神，坚持尊重劳动、尊重知识、尊重人才、尊重创造，发挥劳模工匠的精神引领、典型示范作用，在全社会形成劳动光荣、技能宝贵、创造伟大的浓厚氛围，激励更多职工群众焕发劳动热情、释放创造潜能，踊跃投身到大众创业、万众创新的时代洪流中。工人阶级以高度的使命感和责任感，坚持中国道路，弘扬中国精神，凝聚中国力量，在推进中国式现代化伟大进程中拼搏奋斗、争创一流、勇攀高峰，为决胜全面建成小康社会、决战脱贫攻坚发挥了主力军作用，为全面建成社会主义现代化强国、实现第二个百年奋斗目标而奋勇拼搏、团结奋斗，用智慧和汗水营造了劳动光荣、知识崇高、人才宝贵、创造伟大的社会风尚，谱写了“中国梦·劳动美”的新篇章。工人阶级自身也历经锻造、千锤百炼，队伍不断壮大，素质不断提高，主人翁地位得到加强，社会地位不断提高，涌现出一批劳动模范、大国工匠等先进群体，奏响了劳动最光荣、劳动最崇高、劳动最伟大、劳动最美丽的时代主旋律。

坚持工会工作正确政治方向

石　毅

中国工会十八大报告强调，坚持党的全面领导，引导职工群众更加紧密团结在党的周围。对各级工会坚持正确政治方向、更好履行政治责任提出了要求，为检验工会工作做得好不好、成效明显不明显立起了标准。深入贯彻习近平总书记重要指示精神，落实中国工会十八大决策部署，要求各级工会必须永远保持自觉接受党的领导这一优良传统，始终坚持工会工作正确政治方向。

一、坚持自觉接受党的领导是工会组织和工会工作的优良传统

中国特色社会主义最本质的特征是中国共产党领导，中国特色社会主义制度的最大优势是中国共产党领导，党是最高政治领导力量。坚持中国共产党领导，集中反映了社会主义中国最鲜明的特质。历史和实践充分证明，中国工会作为党领导的工人阶级群众组织，如果没有或者离开党的领导，工人阶级就会成为一盘散沙，工会就会在黑暗中摸索。只有在中国工人阶级先锋队中国共产党的领导下，把党的理论和路线方针政策贯彻落实到工会工作各方面、全过程，工运事业和工会工作才能牢牢把握正确政治方向，才能生机勃勃向前发展。习近平总书记指出，“工会工作做得好不好、有没有取得明显成效，关键看有

没有坚持正确政治方向。坚持正确政治方向，一言以蔽之，就是要坚持中国共产党领导和社会主义制度。党领导的一切人民团体，在这个根本问题上必须头脑十分清醒、立场十分坚定、行动十分坚决。在这方面，工会应该做得更好，因为工会是做工人阶级工作的，而工人阶级是我们党最坚实最可靠的阶级基础。”

坚持党的领导，是我国工人运动历史经验的科学总结。我国工人运动是在党的直接领导下发展壮大起来的。党的领导，从根本上改变了我国工人运动。可以说，百年中国工运史，就是一部工人阶级在党领导下的不懈奋斗史。我们党成立后作出的第一个决议，就对领导工人运动作出部署。1921 年 8 月，党成立了公开领导工人运动的中国劳动组合书记部。1925 年 5 月 1 日，党发起召开第二次全国劳动大会，宣告中华全国总工会正式成立。我们党的许多早期领导人，包括毛泽东、周恩来、刘少奇等同志，都亲自领导过工人运动。100 多年来，党在领导中国革命、建设和改革的长期历史实践中，始终全心全意依靠工人阶级，始终重视对工人运动的领导，始终注重发挥工会组织的作用。无论是在风雨如磐的革命年代、如火如荼的建设时期，还是在激越奋进的改革开放征程上，特别是进入新时代，中国工会作为党联系职工群众的桥梁纽带、社会主义国家政权的重要社会支柱、职工利益的代表者维护者，始终自觉接受党的领导，动员广大职工群众围绕党的纲领和不同历史时期确立的中心任务，前赴后继、奋勇拼搏，艰苦奋斗、建功立业，谱写了恢宏壮丽的篇章，中国工会也从 1922 年第一次全国劳动大会时的 110 多个工会组织、34 万名会员，发展壮大到目前全世界最大的工会组织。历史经验深刻表明，正是由于党的坚强有力领导和工人党员的先锋模范作用，唤起了广大工人的阶级觉悟和革命斗志，有力引导了广大工人坚定不移听党话、跟党走，积极投身革命事业。只有始终坚持自觉接受党的领导，工人运动才有最可靠的主心骨，才能经过血与火的考验，从一个胜利走向另一个胜利、从一个成功走向另一个成功，迎来光明的前途。

坚持党的领导，是工人阶级和工会组织的内在要求。《中国共产党章程》开宗明义指出，“中国共产党是中国工人阶级的先锋队”。《宪法》第一条规定，“中华人民共和国是工人阶级领导的、以工农联盟为基础的人民民主专政的社会主义国家。社会主义制度是中华人民共和国的根本制度。中国共产党领导是中国特色社会主义最本质的特征。”习近平总书记指出，“工人阶级是我国的领导阶级，是我国先进生产力和生产关系的代表，是全面建成小康社会、坚持和发展中国特色社会主义的主力军。”《工会法》第二条第一款规定，“工会是中国共产党领导的职工自愿结合的工人阶级群众组织，是中国共产党联系职工群众的桥梁和纽带。”《中国工会章程》总则部分明确，“中国工会是中国共产党领导的职工自愿结合的工人阶级群众组织，是党联系职工群众的桥梁和纽带，是国家政权的重要社会支柱，是会员和职工利益的代表。”这些都充分表明，中国工会作为职工自愿结合的工人阶级群众组织，是在作为工人阶级先锋队的党的领导下开展工作的，要发挥的是党联系职工群众的桥梁和纽带、国家政权的重要社会支柱、会员和职工利益的代表等重要作用。中国共产党、中国工人阶级和中国工会的内在逻辑关联性和一致性，直接决定了自觉接受党的领导是中国工会安身立命的根本所在。

选择决定方向，方向决定命运。正是有了中国共产党的领导，中国工会和中国工人运动才有了正确的前进方向。回看走过的路、比较别人的路、远眺前行的路，会更加深切感受到，坚持自觉接受党的领导，是工会组织和工会工作的优良传统，更是读懂中国工会“过去为什么能够成功、未来怎样才能继续成功”的基因密码。

二、新时代新征程上工会保持自觉接受党的领导的优良传统更具极端重要性

党的二十大擘画了全面建设社会主义现代化国家、以中国式现代化全面推进中华民族伟大复兴的宏伟蓝图，明确提出“从现在起，中国共产党的中心任务就是团结带领全国各族人民全面建成社会主义现代化强国、实现第二个百年奋斗目标，以中国式现代化全面推进中华民族伟大复兴”。习近平总书记深刻指出，中国式现代化，是中国共产党领导的社会主义现代化。党的领导决定中国式现代化的根本性质、确保中国式现代化锚定奋斗目标行稳致远、激发建设中国式现代化的强劲动力、凝聚建设中国式现代化的磅礴力量，直接关系中国式现代化的根本方向、前途命运、最终成败，是管总、管根本的。新时代新征程上，永远保持自觉接受党的领导的优良传统，对于各级工会突出特色优势、更好履职尽责，具有极其重要的意义。

这是党对工会组织最高的政治要求。《中共中央关于党的百年奋斗重大成就和历史经验的决议》指出，“治理好我们这个世界上最大的政党和人口最多的国家，必须坚持党的全面领导特别是党中央集中统一领导，坚持民主集中制，确保党始终总揽全局、协调各方。”党的十八大以来，以习近平同志为核心的

党中央着眼巩固党长期执政的阶级基础和群众基础，坚持党对工会工作的领导，坚定不移走中国特色社会主义工会发展道路，高度重视和大力推进党的工运事业和工会工作，开创了新时代工运事业和工会工作新局面。习近平总书记围绕工人阶级和工会工作发表的一系列重要论述，科学回答了工人阶级和工会工作的一系列方向性、根本性、战略性重大问题，其中打头的、管总的就是坚持党对工运事业和工会工作的领导。习近平总书记强调，“党的群团工作做得好不好，关键在党的领导。”“坚持党的领导，是做好党的群团工作的根本保证，是必须坚持的正确政治方向，也是党的群团工作的优良传统。”“坚持党对工会的全面领导，任何时候、任何情况下都不能动摇、不能偏离。”“在坚持党的领导这个根本问题上，工会必须旗帜鲜明、立场坚定，全国总工会更要带好头、站好位，决不能含糊。”“只有坚持党的领导，工会工作才能方向明确、不走偏路，才能做得有声有色、扎实有效，才能把党的领导落实到广大职工群众中去，才能巩固和发展党执政的阶级基础和群众基础。工会要永远保持自觉接受党的领导这一优良传统。”这些重要论述充分表明，坚持党的领导，是党对工会组织一以贯之的明确要求，是工会组织必须恪守的根本政治原则和政治保证。

这是开创工运事业和工会工作新局面的根本保证。办好中国的事情，关键在党。党政军民学、东西南北中，党是领导一切的。历史和现实一再证明，坚持和完善党的领导，是党和国家的根本所在、命脉所在，是全国各族人民的利益所在、幸福所在。当今世界，百年未有之大变局正加速演进，我国正处在实现中华民族伟大复兴的关键时期，以中国式现代化全面推进中华民族伟大复兴，不是轻轻松松、敲锣打鼓就能实现的，必然会遇到各种可以预料和难以预料的风险挑战、艰难险阻甚至惊涛骇浪。应对和战胜前进道路上的各种风险和挑战，必须始终坚持和巩固党的领导地位和执政地位，才能使我们的党、我们的国家、我们的人民永远立于不败之地。我国工运事业是在党的领导下发展起来的，是党的事业的重要组成部分，工会工作是党治国理政的一项经常性、基础性工作。新时代新征程上，只有永远保持自觉接受党的领导的优良传统，以党的旗帜为旗帜、以党的意志为意志、以党的使命为使命，各级工会组织才能更好坚定理想信念、坚守使命追求，自觉团结奋斗、积极改革创新，团结动员亿万职工以主人翁的豪迈姿态和主力军的担当精神，为实现全面建成社会主义现代化强国、以中国式现代化全面推进中华民族伟大复兴的宏伟目标而奋勇前进，不断谱写新时代工运事业和工会工作的崭新篇章。

这是把广大职工群众更加紧密团结在党的周围的必然要求。习近平总书记深刻指出，“群众工作是党的一项根本性、基础性工作。由于党的群众工作对象众多、层次多样，党需要建立旨在广泛联系各方面群众的群团组织来帮助党做群众工作。这是我们党的一大创举，也是我们党的一大优势。”“群团组织要自觉成为在群众中、在基层凝聚人心、坚守前哨、冲锋陷阵的战斗队、工作队，组织动员广大人民群众自觉捍卫中国共产党领导和我国社会主义制度。一个是要有强大凝聚力，把人紧紧拢在一块儿；一个是要有强大战斗力，能够打硬仗、打难仗、打苦仗。这是党对群团组织的十分重要的要求。”工会组织是党创立的、旨在帮助党做工人阶级和广大劳动群众工作的群众组织，承担着团结引导职工群众听党话、跟党走的政治责任。当前，企业组织形式、产业结构、就业形态等呈现新的特点，我国职工队伍状况发生深刻变化，社会上各种思潮和主张对职工的影响加深，敌对势力实施所谓“深耕基层”策略，打着所谓维权的旗号，利用职工群众遇到的一些矛盾和问题，竭尽挑拨离间、混淆视听之能事，同我们争夺人心、争夺阵地，妄图拉拢职工群众、动摇党执政的阶级基础和群众基础，形势十分复杂、十分严峻。工会组织要履行好政治责任，首要的首要、关键的关键，就是始终坚持党的领导，以有效举措更好团结引导广大职工坚定不移听党话、跟党走。

三、切实把坚持党的领导和社会主义制度落实到广大职工群众中去

习近平总书记深刻指出，“坚持党的领导，是政治立场和政治原则，也是工作准则和具体要求。如果口号喊得很响，实际上不落实，流于形式，那也不能算是坚持了党的领导，至少是坚持得不好、不得力。”“坚持党的领导必须全面地、有效地贯彻落实到工会工作全过程和各方面。”“工会要忠诚党的事业，通过扎实有效的工作把坚持党的领导和我国社会主义制度落实到广大职工群众中去。”各级工会坚持和加强党的全面领导，以忠诚党的事业、竭诚服务职工为己任，必须通过扎实有效的工作把坚持党的领导和我国社会主义制度落实到广大职工群众中去，引导职工群众更加紧密地团结在以习近平同志为核心的党中央周围。

坚持不懈用习近平新时代中国特色社会主义思想凝心铸魂。习近平总书记指出，“加强理论武装是管根本、保方向的基础工作，只有理论上清醒才能保证政治上坚定。理论武装越彻底，理想信念就越坚实，思想就越敏锐，行动就越自觉。”坚持工会

工作的正确政治方向，首要的就是学懂弄通做实党的创新理论，坚持不懈用习近平新时代中国特色社会主义思想凝心铸魂，持续推动理论武装走深走实，不断增强学习践行党的创新理论的思想自觉和行动自觉，切实用以武装头脑、指导实践、推动工作。各级工会要始终坚持把学习贯彻习近平新时代中国特色社会主义思想作为首要政治任务，大力弘扬理论联系实际的马克思主义学风，紧密联系工作实际和思想实际，巩固拓展学习贯彻习近平新时代中国特色社会主义思想主题教育成果，全面实施“研读原著、专题研讨、调查研究、转化运用”党的创新理论学习行动，系统掌握习近平新时代中国特色社会主义思想的科学内涵、精神实质和实践要求，做到学思用贯通、知信行统一，自觉用习近平新时代中国特色社会主义思想坚定理想、锤炼党性、指导实践、推动工作。抓住《习近平关于工人阶级和工会工作论述摘编》出版发行的有利契机，深入学习贯彻习近平总书记关于工人阶级和工会工作的重要论述，深化理论研究、学理阐释，掌握其核心要义和精神实质，健全完善学习贯彻、创新落实的制度性安排，推动重要论述在工会系统落地生根、形成新的生动实践，切实把学习成效转化为谋划推动工运事业和工会工作创新发展的思路举措。

坚定拥护“两个确立”、坚决做到“两个维护”。工会是党领导的工人阶级群众组织，也是政治组织；工会工作做的是群众工作，实质上就是政治工作，讲政治是第一位的要求，必须始终旗帜鲜明讲政治。讲政治不是抽象的，不能空喊口号、流于形式，最重要的就是坚持党的领导，落实到坚决贯彻党中央决策部署的具体行动上、体现到实际效果上。在新时代，坚持党的领导，首要的、根本的就是要坚定拥护“两个确立”、坚决做到“两个维护”。这既体现在坚决贯彻落实习近平总书记重要指示批示精神和党中央重大决策部署上，也体现在通过卓有成效的思想政治引领，将坚定拥护“两个确立”、坚决做到“两个维护”贯彻到职工群众当中，使之成为职工群众的自觉行动，教育引导广大职工坚定不移听党话、跟党走，确保工人阶级始终是我们党最坚实最可靠的阶级基础。各级工会要把自觉接受党的领导作为做好工会工作的根本政治原则和政治保证，教育引导各级工会干部和广大职工群众把讲政治的要求化为内心自觉、内在主动，从思想上正本清源、固本培元，筑牢信仰之基、补足精神之钙、把稳思想之舵，深刻领悟“两个确立”的决定性意义，增强“四个意识”、坚定“四个自信”、做到“两个维护”，不断提高政治判断力、政治领悟力、政治执行力，始终在政治立场、政治方向、政治原则、政治道路上同党中央保持高度一致。要不断深化政治机关建设，大力开展对党忠诚教育，把党的政治建设摆在首位，教育引导广大工会干部增强政治敏锐性和政治鉴别力，特别是要能够透过现象看本质，善于从一般事务中发现政治问题，善于从倾向性、苗头性问题中发现政治端倪，善于从错综复杂的矛盾关系中把握政治逻辑，始终做政治上的明白人。

自觉服从服务于党和国家工作大局。习近平总书记指出，“坚持党的领导，就要自觉服从服务于党和国家工作大局，把工会工作放到这个大局中去思考、去把握、去推进”。各级工会和广大工会干部要始终胸怀“两个大局”、牢记“国之大者”，时刻关注党中央在关心什么、强调什么，深刻领会什么是党和国家最重要的利益、什么是最需要坚定维护的立场，善于从党和人民的立场、党和国家工作大局出发想问题、作决策、办事情，自觉把工会工作放到党和国家工作大局中去思考、去把握、去推进，找准工会工作与党的中心任务的结合点、切入点、着力点，切实担负好团结引导职工群众听党话、跟党走的政治责任，夯实党长期执政的阶级基础和群众基础。要围绕全面建成社会主义现代化强国、以中国式现代化全面推进中华民族伟大复兴的中心任务更好发挥工会作用，牢牢把握我国工人运动时代主题，深化产业工人队伍建设改革，大力弘扬劳模精神、劳动精神、工匠精神，广泛深入持久开展各种形式的劳动和技能竞赛，开展群众性创新创造活动，推动健全高技能人才培养体系，加快构建产业工人技能形成体系，引导广大职工努力学习新知识、掌握新技能、增长新本领，充分发挥工人阶级主力军作用，为实现强国伟业贡献智慧和力量。

坚定不移走中国特色社会主义工会发展道路。百年来，中国工会不断探索，逐步建立起同我国国体、政体相适应的工会组织运行体制机制，走出一条既不同于传统计划经济条件下的工会发展模式，又不同于西方国家的工会发展道路。习近平总书记指出，“中国特色社会主义工会发展道路是中国特色社会主义道路的重要组成部分，深刻反映了中国工会的性质和特点，是工会组织和工会工作始终沿着正确方向前进的重要保证。要始终坚持这条道路，不断拓展这条道路，努力使这条道路越走越宽广。”“坚持党的领导，就要坚持中国特色社会主义工会发展道路。”各级工会要保持战略定力，增强坚持和拓展中国特色社会主义工会发展道路的责任心和使命感，不为任何风险所惧、不为任何干扰所惑，勇于实践、勇于创新，努力使这条道路越走越宽广。要把工会理论研究作为基础性工作来抓，健全完善工会理论研究特色活动和制度性安排，积极顺应新时代新征程上的新形势新变化新要求，特别是劳动关系领域变革给工会工作带来的新课题新挑战，不断深化对劳动关系发展规律、工人阶级队伍发展规律、工人运动和工会工作发展规律的认识，努力把握工运事业和工会工作的新特点新规律，积极探索走出工会理论研究新路子，与时俱进研究解决所面临的重大理论和实践问题，为坚定不移走中国特色社会主义工会发展道路提供更为坚实的理论支撑。

积极争取各级党委加强和改善对工会的领导。领导群团组织是各级党委的重要政治责任，也是实现和坚持党的领导的重要制度。各级工会要积极争取同级党委重视支持，坚持和落实工会接受同级党委和上级工会双重领导、以同级党委领导为主的组织领导体制，把工会工作摆上重要议程，纳入工作总体布局，精心指导工会工作，同党委其他工作一同谋划、一同部署、一同检查、一同落实，不断提升工会工作水平。要积极推动同级党委在每届任期内召开专门的工会工作会议，党委常委会定期听取工会工作汇报并且每年进行专题研究，党委主要领导积极参加工会组织开展的重大活动，力争由党委专职副书记分管工会工作，不断加大对工会工作的支持保障力度，及时研究解决工会工作中的重大问题。要推动各级党组织落实领导责任，健全完善党建带工建的领导机制和工作制度，把群团工作成效作为考核党委领导班子和分管负责同志工作的重要内容。要积极推动各级党委为工会组织开展工作创造有利条件，提供必要的人力财力物力保障，重点解决好工会工作缺资源、缺手段，特别是基层力量严重薄弱的问题，在阵地建设、项目筹划、资源使用、力量调配等方面整合联动，在热情关心、严格要求、重视培养工会干部方面加大力度，为工会工作提供更多资源和手段，为工会履职创造更好条件。

健全完善坚持党的全面领导的制度机制。要自觉同党的基本理论、基本路线、基本方略对标对表，同党中央决策部署对标对表，提高政治站位，把准政治方向，坚定政治立场，明确政治态度，严守政治纪律，经常校正偏差，做到党中央提倡的坚决响应、党中央决定的坚决照办、党中央禁止的坚决杜绝，做到执行党中央决策部署不讲条件、不打折扣、不搞变通，推动党中央决策部署在工会系统落实落地。要完善党组（党委）会议“第一议题”等制度，第一时间传达学习、第一时间研究落实习近平总书记重要指示批示精神和党中央决策部署，进一步健全完善逐项分解、落实责任、建立台账、跟踪督查、定期“回头看”的闭环工作制度，确保件件有着落、事事有回音。要完善和落实全总党组向党中央、各级工会党组织向同级党委请示报告重大事项制度，对于工作中的重大决策、重大事项、重要情况及时向党中央请示报告，推动党中央决策部署不折不扣在工会系统落地见效，切实做到“党有号召、工会有行动”。加强对职工的思想政治引领和教育引导，创新方式方法，采取有效措施，不断增强广大职工群众对党的领导和社会主义制度的政治认同、思想认同、理论认同、情感认同。贯彻新时代党的建设总要求，认真落实全面从严治党政治责任，不断强化党组织政治功能和组织功能，严格落实党内政治生活制度，高质量开展好“三会一课”、主题党日、专题民主生活会和组织生活会，推动工会系统党的建设高质量发展。坚持以严的基调强化正风肃纪，严格执行中央八项规定及其实施细则精神，持之以恒正风肃纪反腐，推动形成风清气正的良好政治生态。

加强职工思想政治引领

李 羿

中国工会十八大报告把强化职工思想政治引领作为“坚持党的全面领导，引导职工群众更加紧密团结在党的周围”的重要内容，作出部署安排、提出明确要求。这对于新时代新征程自觉肩负起团结引导职工群众听党话、跟党走，巩固党执政的阶级基础和群众基础的政治责任，团结动员亿万职工为全面建设社会主义现代化国家、全面推进中华民族伟大复兴团结奋斗具有十分重要的意义。

一、充分认识加强职工思想政治引领的重要性紧迫性

（一）加强职工思想政治引领是习近平总书记和党中央赋予工会的政治责任。

党的十八大以来，以习近平同志为核心的党中央高度重视思想政治工作，采取一系列重大举措切实加以推进。2021 年 7 月，中共中央、国务院印发《关于新时代加强和改进思想政治工作的意见》进行系统谋划、作出战略部署。习近平总书记多次作出重要论述，深刻阐明了新时代思想政治工作的重大意义、根本任务、方针原则、基本要求，丰富和发展了我们党对思想政治工作的规律性认识。《习近平关于工人阶级和工会工作论述

摘编》专门设置“加强对职工群众的思想政治引领”专题，对总书记重要论述篇目进行梳理。2015 年 7 月，习近平总书记在中央党的群团工作会议上强调，党的群团工作的政治性，主要体现在工会、共青团、妇联等群团组织要承担起引导群众听党话、跟党走的政治任务，为夯实党执政的阶级基础和群众基础作出贡献上。2018 年 10 月，习近平总书记在同全国总工会新一届领导班子成员集体谈话时指出，把职工群众团结引导好，没有什么捷径妙招，关键是深入细致做好思想政治工作；引导职工群众听党话、跟党走，巩固党执政的阶级基础和群众基础，是工会组织的政治责任。2023 年 10 月，习近平总书记在同全国总工会新一届领导班子成员集体谈话时指出，要加强思想政治引领，做好职工思想政治工作，教育引导广大职工坚定不移听党话、跟党走，确保工人阶级始终是我们党最坚实最可靠的阶级基础。这些重要论述为我们加强职工思想政治引领指明了方向、提供了根本遵循。

（二）加强职工思想政治引领是适应形势发展和职工队伍变化的迫切需要。

当前，我国经济社会发展面临的环境都在发生深刻而复杂的变化。从国际上看，西方敌对势力西化分化我国的图谋从未改变，他们通过各种渠道加紧思想文化渗透，打着“维权”的旗号，别有用心地炒作我国社会一些矛盾，煽动群体性事件，也影响着我国职工队伍的思想。从国内看，新一轮科技革命带来传播格局深刻变革，各种社会思潮更加相互激荡，各种思想文化交流交融交锋更加频繁，思想文化领域更加多元多样多变，职工思想活动的独立性、选择性、多变性、差异性日益增强。我国职工队伍结构深刻调整，以货车司机、网约车司机、快递员、外卖配送员等为重点的新就业形态劳动者大量涌现，他们在利益诉求、价值取向、思想观念上呈现多元多样多变的新特征。随着我国社会主要矛盾发生变化，一些职工面临着城乡、区域、行业发展不平衡带来的权益保障不均等、就业机会不平等、收入分配拉大等问题，制度供给不充分导致部分职工精神文化及民主参与保障力度不足，产业结构性调整影响部分职工的稳定就业和生产生活，职工不可避免地在思想认识上存在一定困惑。同时，职工思想政治引领本身也发生了一些变化，比如职工思想政治引领对象从国企职工向非公企业职工、农民工扩展，职工思想政治工作领域从国有企业向非公企业拓展；职工思想政治引领内容从单纯政治思想教育向思想教育、维权帮扶、人文关怀、心理疏导、协调劳动关系、化解利益矛盾等多项内容拓展；职工思想政治引领载体从传统媒体向新兴媒体延伸；职工思想政治引领方式方法从主要依靠行政命令“灌输式”教育向更多地依靠法律手段、经济手段、舆论手段、伦理手段和现代科技手段转变。各种因素累积叠加导致职工思想引领工作面临着许多新形势新任务新挑战。

（三）加强职工思想政治引领是凝聚强国建设民族复兴精神力量的时代要求。

党的二十大郑重宣示“从现在起，中国共产党的中心任务就是团结带领全国各族人民全面建成社会主义现代化强国、实现第二个百年奋斗目标，以中国式现代化全面推进中华民族伟大复兴”，吹响了奋进新征程的时代号角，也赋予了新时代新征程中国工人运动和工会工作鲜明的主题和方向。全面建设社会主义现代化国家，必须充分发挥亿万人民的创造伟力。工人阶级是国家的领导阶级，是先进生产力和生产关系的代表，是坚持和发展中国特色社会主义的主力军，从来都具有走在前列、勇挑重担的光荣传统。始终坚持全心全意依靠工人阶级，充分发挥工人阶级主力军作用，是我们党的一个突出政治优势，也是中国特色社会主义的一个鲜明特点。党的二十大期间，习近平总书记在参加广西代表团讨论时强调，我们的现代化既是最难的，也是最伟大的，从这个角度看，紧紧依靠工人阶级是必不可少的。第九次全国职工队伍状况调查显示，全国职工总数约4.02亿；其中，产业工人2.27亿，第二产业占比82.7%，第二产业中77.6%集中在制造业和建筑业，第三产业比例在增长；职工受教育程度普遍提高，高中及以上学历达85.0%；职工技术技能素质显著提升，专业技术人员占调查职工总数的17.1%，其中具有职称的占82.3%。这样一支庞大的队伍，蕴含着无穷的智慧和力量，是实现新时代新征程党的目标任务的力量所在。这就要求职工思想政治引领必须紧紧围绕强国建设、民族复兴宏伟目标，牢牢把握工运时代主题方向，充分调动职工群众积极性主动性创造性，依靠劳动创造扎实推进中国式现代化。

（四）加强职工思想政治引领是满足职工群众日益增长的精神文化需求的具体举措。

中国式现代化是物质文明和精神文明相协调的现代化，物质富足、精神富有是社会主义现代化的根本要求。党的十八大以来，习近平总书记在新时代文化建设方面的新思想新观点新论断，构成了习近平新时代中国特色社会主义思想的文化篇，形成了习近平文化思想。习近平总书记多次指出“实现中华民族伟大复兴的中国梦，物质财富要极大丰富，精神财富也要极大丰富”，“满足人民过上美好生活的新期待，必须提供丰富的精神食粮”，“让人民享有更加充实、更为丰富、更高质量的精神文化生活”。党的二十大报告明确了未来五年我国发展的主要目标任务，“人民精神文化生活更加丰富”是其中一项重要内容。当前，随着我国社会主要矛盾发生新变化，职工群众对美好生活的向往越来越强烈，对精神文化生活需求也越来越突出，更加期待好看的电影、电视剧、图书、戏曲，更加追求讲道德、尊道德、守道德的生活，更加盼望社会风气和文明风尚的提升，精神文化生活需求高品质、个性化的特点更加明显。同时，以农民工为代表的城市新移民精神文化生活相对匮乏，在公平享有基本公共文化服务上还面临不少短板。这就要求职工思想政治引领必须牢牢把握社会主义先进文化前进方向，始终把人民对美好生活的向往作为奋斗目标，广泛开展群众性精神文明建设，大力加强职工文化建设，不断满足职工群众多样化、多层次、多方面的精神文化需求，丰富职工精神世界，增强职工精神力量，促进职工全面发展。

二、切实把握加强职工思想政治引领的着力点落脚点

（一）坚持不懈用习近平新时代中国特色社会主义思想凝心铸魂。

习近平新时代中国特色社会主义思想是当代中国马克思主义、二十一世纪马克思主义，是中华文化和中国精神的时代精华，是党和国家必须长期坚持的指导思想。新时代党和国家事业取得的历史性成就、发生的历史性变革，根本在于有习近平总书记作为党中央的核心、全党的核心领航掌舵，在于习近平新时代中国特色社会主义思想的科学指引。这一科学理论已经普遍地为职工群众所接受、所掌握、所运用，刻印在职工群众

心坎上，成为党员干部群众的精神旗帜、理论指南、价值取向和行为方式。实践证明，只有这一思想而没有别的什么思想能够引领当代中国发展进步、指引人民创造美好生活，只有这一思想而没有别的什么思想能够凝聚 14 亿中国人民的意志、汇集全体中华儿女的力量。

用党的创新理论武装全党、教育人民是全党的首要政治任务，加强职工思想政治引领，最重要的任务、第一位的要求，就是坚持不懈用习近平新时代中国特色社会主义思想教育广大职工。要巩固拓展学习贯彻习近平新时代中国特色社会主义思想主题教育成果，引导职工群众深刻认识这一思想的历史地位和重大意义，深刻理解这一思想的精神实质、丰富内涵、核心要义、实践要求，深刻体悟贯穿其中的坚定信仰信念、鲜明人民立场、强烈历史担当、求真务实作风、勇于创新精神和科学思想方法，不断增强对党的创新理论的政治认同、思想认同、理论认同、情感认同，更加紧密地团结在以习近平同志为核心的党中央周围，坚定不移听党话、跟党走。要落实基层联系点、送教到基层等制度，健全企业班组常态化学习制度，完善发挥劳模工匠领学促学作用工作机制，常态化开展理论宣传和理论普及工作。要创新理论宣传方式，通过理论宣讲、演讲比赛、知识竞赛等方式，运用线上微宣讲、视频展播等形式，发挥“学习强国”平台、“学习强会”平台、全国工会电子职工书屋、“技能强国–全国产业工人学习社区”平台等作用，把“大学习”的课堂搬到工厂车间、生产一线、发展前沿，广泛开展对象化、分众化、互动化理论宣传普及，推动习近平新时代中国特色社会主义思想进企业、进车间、进班组，走近职工身边、走进职工心里。

（二）常态化开展理想信念教育。

习近平总书记指出，人民有信仰，国家有力量，民族有希望。一个国家，一个民族，要同心同德迈向前进，必须有共同的理想信念作支撑。人民共同的信仰信念信心是国家和民族存续与发展的精神纽带和力量源泉。无论过去、现在还是将来，对马克思主义的信仰，对中国特色社会主义的信念，对实现中华民族伟大复兴中国梦的信心，都是指引和支撑中国人民站起来、富起来、强起来的强大精神力量。可以说没有远大理想的方向指引，就不会有中国共产党的蓬勃发展，也就没有新中国，更没有今天我国巨大的发展进步。

加强职工思想政治引领，必须把加强理想信念教育作为战略性任务，久久为功、常抓不懈。要持续深化中国特色社会主义和中国梦宣传教育，教育引导广大职工群众树立共产主义远大理想和中国特色社会主义共同理想，增强对中国特色社会主义的道路自信、理论自信、制度自信、文化自信。要面向职工群众广泛宣传中国式现代化理论体系，引导广大职工群众更好理解中国式现代化的鲜明特色和丰富内涵，更好领悟中国式现代化历史底蕴、现实基础和光明前景。要持续深化“中国梦·劳动美”主题教育，引导职工群众把党和国家确定的奋斗目标作为自己的人生目标，自觉把人生理想、家庭幸福融入强国建设、民族复兴的伟业之中。要持续深化“四史”宣传教育，创新开展爱国主义、集体主义、社会主义教育，引导广大职工树立和坚持正确的历史观、民族观、国家观、文化观。要加强红色工运资源的挖掘保护和宣传利用工作，因地制宜开展参观瞻仰、纪念缅怀、现场教学、学习体验、主题党日、研讨交流等活动，教育引导广大职工更好传承红色基因、赓续红色血脉、汲取奋进力量。要有针对性地开展形势政策宣传，教育引导职工群众识大体、顾大局，正确对待利益关系和利益格局调整，在改善社会心理预期、提振全社会信心中充分发挥工会组织作用。

（三）用社会主义核心价值观凝聚引领职工。

社会主义核心价值观蕴含着深厚的中华优秀传统文化基因，反映了社会主义制度的本质属性和价值取向，是当代中国精神的集中体现，凝结着全体人民共同的价值追求，是凝聚人心、汇聚民力的强大力量。习近平总书记多次强调，要坚持以社会主义核心价值观引领职工，使广大职工在理想信念、价值理念、道德观念上紧紧团结在一起。这就要求我们必须把社会主义核心价值观融入社会发展各方面，转化为职工群众的情感认同和行为习惯。

加强职工思想政治引领，要坚持把培育和践行社会主义核心价值观作为凝魂聚气、强基固本的基础工程抓紧抓好。要深入贯彻落实《新时代公民道德建设实施纲要》，以爱岗敬业、诚实守信、办事公道、热情服务、奉献社会为主要内容开展职工职业道德宣传教育，持续开展全国职工职业道德建设评选表彰活动，充分发挥先进典型的示范引领作用。要深入学习宣传贯彻习近平法治思想，把学习宣传以宪法为核心的中国特色社会主义法律体系作为法治宣传教育基本任务，深入实施工会系统“八五”普法规划，打造工会法治宣传教育活动品牌，培育工会法治宣传教育基地，壮大普法志愿者队伍，引导职工群众增强法治意识，坚定法治信仰，依法表达利益诉求，依法维护自身利益。要深化群众性精神文明创建活动，广泛开展讲文明树新风活动，大力弘扬雷锋精神和奉献、友爱、互助、进步的志愿精神，推动形成新时代的文明风尚。要围绕在新的历史起点上继续推动文化繁荣、建设文化强国、建设中华民族现代文明这一新的文化使命，坚持用中华优秀传统文化、革命文化、社会主义先进文化引领职工，深化“工”字系列职工文化特色品牌培育工作，扎实推进全国工会职工书屋建设工程，着力构建职工文化繁荣发展的工作体系，打造健康文明、昂扬向上、全员参与的职工文化。

（四）大力弘扬劳模精神、劳动精神、工匠精神。

劳模精神、劳动精神、工匠精神，是广大劳动群众在从事社会生产的长期劳动实践中锤炼形成的，不仅是工人阶级和广大劳动群众弥足珍贵的精神财富，也是我们伟大民族精神的重要内容。习近平总书记指出，劳模精神、劳动精神、工匠精神是以爱国主义为核心的民族精神和以改革创新为核心的时代精神的生动体现，是鼓舞全党全国各族人民风雨无阻、勇敢前进的强大精神动力。2021 年 9 月，党中央批准了中央宣传部梳理的第一批纳入中国共产党人精神谱系的伟大精神，劳模精神（劳动精神、工匠精神）被纳入其中。新时代新征程，为强国建设、民族复兴团结奋斗，需要把劳模精神、劳动精神、工匠精神作为砥砺前行、奋发进取的强大精神力量，激励广大劳动群众争做新时代的奋斗者，营造劳动光荣的社会风尚和精益求精的敬业风气。

弘扬劳模精神、劳动精神、工匠精神，是工会组织引领教育广大职工的重要抓手。要大力宣传以习近平同志为核心的党中央对工人阶级和广大劳动群众的亲切关怀、对工运事业和工会工作的高度重视，大力宣传习近平总书记对技术工人队伍的高度重视和对广大职工提高技术技能素质的殷切期望，大力宣传习近平总书记对劳动和劳动价值的充分肯定、对劳动模范和工匠人才的高度重视，引导广大职工增强奋进新时代的精神力量。要大力宣传劳模精神、劳动精神、工匠精神的精神内涵，教育引导职工群众以实际行动践行爱岗敬业、争创一流、艰苦奋斗、勇于创新、淡泊名利、甘于奉献的劳模精神，崇尚劳动、热爱劳动、辛勤劳动、诚实劳动的劳动精神，执着专注、精益求精、一丝不苟、追求卓越的工匠精神。要发挥劳动模范、大国工匠等先进典型的示范带动作用，持续做好劳动模范、大国工匠、“最美职工”等先进典型的选树宣传，讲好新时代新征程的劳模故事、劳动故事、工匠故事，教育引导广大职工群众进一步激发见贤思齐的正能量、焕发团结奋斗的精气神。

三、着力增强职工思想政治引领的针对性实效性

（一）坚持职工为本。

思想政治引领的根本是做人的工作。只有立足于把解决职工的思想问题与实际问题结合起来，扎扎实实地为职工群众办实事、办好事，才能更好地起到说服人、感染人的效果。把加强思想政治引领同团结带领职工建功立业结合起来，在组织动员广大职工围绕国家重大战略、重大工程、重大项目、重点产业，广泛深入持久开展各种形式的劳动和技能竞赛，深入开展“五小”群众性创新创造活动等过程中，激发起广大职工踊跃投身中国式现代化的壮志豪情和立足岗位创新创造的实际行动。把加强思想政治引领同履行工会维权服务基本职责结合起来，针对新就业形态劳动者权益维护难题，深入推进新就业形态劳动者工会工作三年行动；针对户外劳动者缺乏固定休息场所等，大力加强工会户外劳动者服务站点建设；针对城市困难职工，

推进解困脱困与提升生活品质相衔接；针对专精特新等中小企业技术技能缺乏问题，启动实施“劳模工匠助企行”专项行动；针对受疫情影响的企业和职工，推出工会支持举措、筹集资金，把工作做到职工的心坎上。

（二）构建工会大宣传格局。

宣传是思想政治引领的“利剑”。要树立大宣传的工作理念，牢固树立“工作即宣传、宣传必感动”理念，落实“宣传为重、数字为基”要求，加强工会宣传教育工作的领导统筹、协同融合和创新创造，形成党组统一领导、宣传部门牵头抓总、各有关部门及各级工会协同协作、主流媒体和新媒体落实落地的工会宣传工作格局，做强做优工会舆论宣传。要加强对工会报刊、网络及文化宫、俱乐部、职工书屋等工会宣传阵地的建设和管理，打造具有较大影响力的工会核心媒体和宣传品牌。建设全国工会融媒平台，集中运营全国总工会本级新媒体，实现“报网微端刊号”集中融合。统筹指导全国总工会所属媒体和各级工会媒体、新媒体，整合工会宣传资源，推进形成全国、省、市、县媒体矩阵，做到重大题材宣传报道上下联动、同频共振，持续提高工会宣传引导能力。深化媒体融合传播，构建全媒体传播体系，充分挖掘全国总工会“智慧工会”平台的宣传引导功能，联动各级工会媒体做大做强，不断提升工会主流舆论阵地影响力和竞争力。

（三）注重网上引领。

职工在哪儿，思想政治引领重点就应该在哪儿。当前，网络等新兴媒体已逐渐成为职工群众学习、交流、工作的重要场所，职工思想政治引领工作阵地要从传统的会场、讲堂向网络、融媒体转移。要深入研究互联网对职工的影响，走好网上群众路线，牢牢把握思想政治引领工作的主动权。要利用新兴媒体组织开展网上劳动模范、重大主题宣传活动和网上文化活动，建设维护好“网聚职工正能量 争做中国好网民”等工会工作品牌，不断提升品牌工作在职工群众中的影响力。要加强面向职工的网上阵地建设，有效利用网站、“三微一端”、视频直播等新兴媒介，增加职工喜闻乐见的网络文化产品供给，及时发布学习资料、活动动态，推动互联网内容和舆论阵地建设，把网上工作作为工会联系职工、服务职工的重要平台，增强传播力、引导力、影响力。要加强对门户网站论坛、博客、微博等网络空间职工思想动态监测，及时研判舆情，营造清朗的网络空间。要加强工会网宣、网评队伍建设，打造一支强大的“网络大军”，牢牢掌握网络舆论阵地的主动权和话语权，引导职工正确辨别网络信息，做好反映诉求、解疑释惑、疏导情绪工作。

（四）加强队伍建设。

思想政治引领是专业性很强的工作，没有几把刷子是干不了的，没有高素质、好把式、真功夫是干不出漂亮活的，需要切实提高工会干部做思想政治引领工作的能力和水平。要适应形势任务的发展变化，加大培训力度，组织工会干部学习经济、法律、管理、新媒体和心理学等知识，切实提高教育引导、心理疏导、协商协调的能力，调查研究、化解矛盾、排忧解难的能力，对维权和维稳统筹兼顾、平衡协调的能力，对党和群众连接沟通、交流联系的能力，努力使工会干部成为做思想政治引领工作的行家里手。要牢固树立群众观点，进一步增强群众意识，坚持群众路线，怀着对职工的深厚感情，面对面地接近职工，心贴心地理解职工，实打实地帮助职工，不断了解新情况新变化，及时掌握职工群众情绪，注重倾听职工群众呼声。

要从职工心灵深处着力，了解他们所思所想所虑，打破过去那种我说你听的说教方式，创造一种平等和谐的沟通氛围，在平等交流中为职工解疑释惑，在排忧解难中为职工理顺情绪。要逐步完善联系职工群众的管理机制和工作制度，坚决防止“四风”特别是形式主义、官僚主义。

（五）形成工作合力。

加强职工思想政治引领是一项政治性强、涉及面广的系统工程，涉及理论宣讲、正面宣传、舆论引导、文明创建等各领域，必须统筹谋划、多方联动，广泛动员各方面力量共同参与，构建党委领导下齐抓共管的工作格局。各级党委要把加强职工思想政治引领作为落实党建工作责任制和意识形态工作责任制的重要任务，切实加强领导。各地工会要自觉接受党委领导，积极推动建立由党委负责同志牵头主抓的职工思想政治工作联席会议制度。各级工会要把职工思想政治引领工作摆上重要议事日程，精心组织，常抓不懈。工会主要领导干部要亲自抓，定期分析研究工作，及时解决出现的问题，完善考核评价与激励机制。工会各部门都要结合职责参与做好思想政治引领。要加强与宣传、文化、网信等党政部门和有关群团的联系合作，聚合资源、争取支持、形成合力。

组织动员亿万职工为推进中国式现代化建功立业

廖枢权

中国工会十八大报告明确提出，要聚焦高质量发展这个首要任务，组织职工群众建功立业、创新创造。新时代新征程各级工会组织要坚持全心全意依靠工人阶级的根本方针，充分调动广大职工群众的积极性、主动性、创造性，把广大职工群众紧密团结在党的周围，为实现党的中心任务而团结奋斗。

一、广泛深入持久开展劳动和技能竞赛

组织开展劳动和技能竞赛，对于推动经济社会发展、促进企业经营管理、提升职工素质等，都具有重要作用，是工会团结动员广大职工建功立业的重要载体和平台，在工会整体工作中具有重要地位，也是工会工作的一个响亮品牌。中国工会十七大以来，各级工会广泛深入持久组织职工开展形式多样、多行业、多领域的劳动和技能竞赛，取得了较好的社会效益和经济效益。新征程上，要进一步在广泛深入持久上下更大功夫，推动劳动和技能竞赛在促进区域联动、体现产业特色、丰富载体内涵、加强机制建设等方面实现新突破、取得新进展，不断激发广大职工劳动热情、创造潜能，在各行各业各个领域充分发挥主力军作用。

加强劳动和技能竞赛体系建设。完整、准确、全面贯彻新发展理念，加快构建新发展格局，着力推动高质量发展，对开展劳动和技能竞赛提出了新的更高要求。要围绕国家重大战略、重大工程、重大项目、重点产业，以技术创新为导向，以“建功‘十四五’、奋进新征程”为主题，广泛深入持久开展多层级、多行业、多工种的劳动和技能竞赛，把竞赛活动同提高职工队伍整体素质、培养造就高素质劳动大军结合起来，采取线上线下相结合，推动竞赛从“速度型”向“效益型”转变，从“体力型”向“智力型”转变，将竞赛向中小微企业、民营企业、外资企业延伸，向车间、班组拓展，不断扩大竞赛覆盖领域和覆盖面，推动形成以“全国引领性劳动和技能竞赛项目”为龙头、“省级引领性劳动和技能竞赛项目”为主体、“市县级竞赛、行业竞赛、企业竞赛”为基础的多层级、多行业、多工种、广覆盖的竞赛组织体系。要加强工作指导，发挥好各级劳动竞赛委员会作用，针对竞赛规模大、时间跨度长、参赛职工年轻化的特点，适时开展阶段性推进活动，重视竞赛成果推广应用，通过案例分享、经验交流、成果展示、专题研讨等机制，利用“技能强国”等网络平台，在全国范围内推广应用，发挥劳动竞赛成果的乘数效应。要把开展竞赛与促进企业发展和职工进步结合起来，将竞赛的目标内容、工作机制、方式方法等融入企业生产、经营和管理之中，把“比学赶帮超”活动拓展延伸到企业的各个领域和环节，努力实现企业发展与职工成长的双赢目标。要完善对企业开展竞赛的激励机制，对于给予竞赛大力支持的优秀企业经营者和积极参加竞赛表现优异的一线职工，推荐参评劳模和五一劳动奖章等，开展工匠人才评选及创新成果、先进操作法命名，把职工参加竞赛取得的成果与职工职业资格认定、等级晋升结合起来，切实提高企业经营者和参与竞赛职工的获得感。

探索新产业新业态竞赛活动新形式。随着我国经济社会的深刻变革，新一轮科技革命和产业变革深入发展，新一代信息技术广泛应用，催生大量新技术新产业新业态新模式，与之相适应，企业组织形式、产业结构、就业形态等呈现新的特点。如何适应新形势新情况，在新产业新业态开展劳动和技能竞赛成为一个新课题。要加强对新产业新业态企业的建会入会力度，加大工会组织覆盖和工作覆盖，把更多在新产业新业态就业的职工组织到工会中来，夯实工会开展劳动和技能竞赛的组织基础。要抓住新产业新业态领域企业负责人及管理层这个关键，多做宣传推广的工作，将劳动和技能竞赛宣传推广与推动建会入会结合起来，向企业和职工讲清楚开展劳动和技能竞赛对于实现国家发展战略、提高企业生产经营效益、巩固职工主人翁地位、提高职工收入水平等方面的促进作用，让企业和职工对劳动和技能竞赛有更加准确全面的认识。要针对新产业新业态企业组织形式、管理方式、经营理念、职工结构等呈现的新特点，从新产业新业态领域企业实际出发，充分尊重企业主体地位、尊重职工意愿，找准企业与职工共同的利益结合点、关注点，围绕技术研发、技能提升、运营管理、安全生产、优质服务等因地制宜、因企制宜开展竞赛。要立足产业工会联系企业职工广泛、熟悉产业发展全局、熟悉本产业职工队伍特点、直通基层一线的优势，充分发挥产业工会在探索新产业新业态竞赛活动新形式中的作用，鼓励先行先试、鼓励基层探索，把一些好经验好做法在全行业全产业推广，推动竞赛在新产业新业态企业落地生根、开花结果。

持续开展群众性创新创造活动。劳动者是生产力中最活跃的因素，也是企业创新创造的重要力量。长期以来，广大职工立足岗位，发挥聪明才智，从生产一线实际出发，进行了许多有创意、有价值的创新创造活动，通过“小活动”解决了“大问题”。要针对不同层级、不同地区、不同行业、不同岗位，探索不同的载体平台和方式方法，开展技术革新、技术协作、发明创造、合理化建议、节能减排、网上练兵和“小发明、小创造、小革新、小设计、小建议”等“五小”群众性创新创造活动，着力提高群众性创新创造活动的内涵和质量，引导职工积极投入企业生产管理活动，帮助企业改进生产工艺、提高生产效率、改善产品质量。要把群众性创新创造活动融入企业生产管理各环节，通过及时解决企业生产过程难题，推动企业提高自主创新能力，在推动高质量发展、助力实现高水平科技自立自强中发挥作用。要加强职工创新成果产权保护，健全职工创新成果分享制度机制，继续办好大国工匠创新交流大会、大国工匠论坛等职工创新成果交流平台，广泛开展职工创新成果展示交流和转化签约活动，推动职工创新成果转化为现实生产力，支撑产业升级转型。要加强职工创新成果激励，推动企业将职工创新成果纳入表扬表彰、技能晋级、薪酬提升、参与分配等奖励制度，保护调动职工创新创造的积极性和主动性。要加强各级职工技协组织建设，广泛开展技术交流、技术服务和技术应用等，高质量做好职工技协工作。

二、深化产业工人队伍建设改革

全面建设社会主义现代化国家，工人阶级始终是主力军。产业工人是工人阶级中发挥支撑作用的主体力量，具有很强的组织性、纪律性，具有优秀的思想道德素质和文化素质，是创造社会财富的中坚力量，是创新驱动发展的骨干力量，是实施制造强国战略的有生力量。推进产业工人队伍建设改革，对于进一步巩固党长期执政的阶级基础和群众基础，维护改革发展稳定大局，全面提高产业工人素质，团结动员广大产业工人为以中国式现代化全面推进强国建设、民族复兴伟业贡献智慧和力量具有重要作用。改革推进六年多来，在以习近平同志为核心的党中央坚强领导下，在中央改革办具体指导下，全国总工会认真履行牵头抓总职责，积极主动与相关部委沟通协商，扎实做好对推进产业工人队伍建设改革的宏观指导、政策协调、组织推进和督促检查，改革取得重要阶段性成效。新征程上，要围绕深入实施科教兴国战略、人才强国战略、创新驱动发展战略，深化产业工人队伍建设改革，加快建设一支知识型、技能型、创新型产业工人大军，培养造就更多大国工匠和高技能人才。

进一步强化组织领导。始终坚持党中央集中统一领导，坚决贯彻习近平总书记和党中央决策部署，不折不扣地把总书记关于产业工人队伍建设改革的各项指示精神落到实处。加强各级党委政府对改革的领导和支持，建立常态化听取改革汇报、研究推动解决改革相关问题的制度机制，加强对改革的统筹谋划、整体推进、综合协调，强化监督检查、跟踪督办、考核评估，推动各项改革举措落地见效。要进一步加强顶层设计，强化改革与宏观政策、产业政策、就业政策、社会政策联动，加强政策落实的统筹协调，做好改革政策衔接和措施对接，充分发挥集成效应。要发挥好协调小组、领导小组职能作用，既各司其职、各负其责，又通力协作、配合联动，增强齐抓共推改革的合力。要更好发挥工会作用，全国总工会要认真履行好牵头抓总职责，各级工会要及时向同级党委汇报、主动向政府通报改革进展，加强与各级产业工人队伍建设改革领导机构及各成员单位的协调配合，优化资源整合和利用，利用数字化等手段，进一步提高工作效能，形成推进改革的最大合力。

抓好重点任务落实落地。要扎实做好产业工人思想政治工作，运用多种形式、渠道和载体，广泛开展主题宣传教育活动，特别是要把工作的重点更多放到基层和企业、车间和班组，运用更多接地气、职工乐于接受的方式方法，把做好产业工人思想政治工作与推动解决产业工人现实诉求结合起来，让思想政治引领更加有温度、有力度、有深度，不断增强思想政治工作的引领力、感召力，更好地把广大产业工人思想凝聚起来，坚定不移听党话、矢志不渝跟党走。紧紧扭住提升产业工人技术技能这个关键，加快构建产业工人技能形成体系，大力深化职业教育改革，加快校企合作、产教融合，促进职业教育与产业工人在岗培训有机衔接，向产业工人提供普惠性、均等化、贯穿学习和职业生涯全过程的终身职业技能培训，为产业工人提升技能创造更加快捷便利的条件。要畅通产业工人成长成才通道，强化正确的人才观念、用人导向，建立健全技能人才职业技能等级制度，把产业工人中的技能型人才和专业技术型人才、管理型人才放在同等重要的位置一视同仁，做到一同培养、一同选拔、一同考核、一同使用，通过改革企业用人制度，打通职业技能等级与专业技术职务之间的界限，打破产业工人职业转换、岗位调整、职位晋级的限制，消除阻碍产业工人发展的各项制度性“梗阻”，拓宽产业工人发展空间。完善产业工人技能创新激励机制，认真贯彻落实《关于提高技术工人待遇的意见》，引导企业建立健全基于岗位价值、能力素质和业绩贡献的技能人才薪酬分配制度，实现多劳者多得、技高者多得，完善科技成果转化收益分享机制，对在技术革新或技术攻关中作出突出贡献的高技能产业工人给予奖励。要着力壮大产业工人队伍，加大对产业工人队伍发展状况的分析研判，针对制造业产业工人职业荣誉感、归属感不强等突出问题，着力在推动提高工资收入水平、加强技术技能培训、改善工作环境和条件、强化企业民主管理和社会保障、提升工作稳定性、畅通职业发展通道等方面下功夫，努力保持制造业工人队伍总体稳定并逐步壮大。针对新就业形态劳动者队伍这个产业工人队伍的新生力量，进一步加大建会入会力度，推动解决新就业形态劳动者反映强烈的突出问题，让新就业形态劳动者作为产业工人队伍中的重要一员，有更强的获得感、幸福感、安全感。

千方百计破解改革推进中的突出难题。当前，改革中仍然存在不少难题，比如，全社会对推进产改的思想认识还有待提高、有些政策制度落实还不到位、企业的主体作用发挥还不够充分等。要进一步加强对改革的宣传，宣传习近平总书记对产业工人的高度重视、关心关怀关爱，宣传习近平总书记对产业工人队伍建设改革的重要指示精神，宣传党中央关于产业工人队伍建设改革的各项决策部署和政策举措，宣传各地各部门和企业推进改革取得的显著成效和典型经验，宣传产业工人队伍建设改革对于推动高质量发展、实施制造强国战略、全面建设社会主义现代化国家的重要作用，宣传以产业工人为代表的工人阶级对经济社会发展作出的重要贡献，努力在全社会形成重视改革、支持改革、参与改革、推动改革的良好氛围。要加强对企业的宣传引导，向企业宣传宣讲推进改革对于凝聚职工团结奋斗共识、提升职工技术技能水平、焕发职工主人翁精神、激发职工干事创业热情、构建和谐劳动关系的重要作用，增强企业推进改革的内生动力。把正面激励和监督约束结合起来，推动将产业工人队伍建设改革纳入国有企业负责人考核评价与选拔任用范畴，强化中央企业、国有企业的政治责任，发挥政治巡查的作用推进改革落实，探索将企业推进产业工人队伍建设改革情况纳入相关评选和荣誉表彰中，鼓励企业经营者树立家国情怀和崇高追求，积极履行社会责任，把改革融入企业日常管理和经营。

三、突出发挥劳模工匠示范引领作用

劳动模范是民族的精英、人民的楷模，是共和国的功臣，大国工匠是职工队伍中的高技能人才。在各个历史时期，广大劳动模范和工匠人才以高度的主人翁责任感，立足岗位、辛勤劳动，拼搏奋斗、苦干实干，为党和国家事业发展作出了重要贡献，为全国各族人民树立了光辉的学习榜样，对于团结鼓舞亿万职工建功立业、创新创造起到了重要的示范引领作用。习近平总书记始终高度重视和关心关爱劳模工匠，每到地方视察调研，都要看望慰问劳模和工匠人才，在亲临全总机关与劳动模范座谈、同全国总工会新一届领导班子成员集体谈话、给劳模和一线职工等回信、出席全国劳模大会、给首届大国工匠创新交流大会致贺信等多种场合，都对劳模工匠发挥作用寄予殷切期望。各级工会深入学习贯彻习近平总书记重要指示要求，围绕宣传劳模工匠先进事迹、发挥劳模工匠作用、完善服务劳模工匠政策等做了大量工作，推动在全社会形成了劳动光荣、技能宝贵、创造伟大的浓厚氛围，唱响了劳动最光荣、劳动最崇高、劳动最伟大、劳动最美丽的主旋律。新征程上，要大力弘扬劳模精神、劳动精神、工匠精神，进一步发挥好劳模工匠示范引领作用，激励广大职工在辛勤劳动、诚实劳动、创造性劳动中成就梦想。

加大劳模工匠精神弘扬力度。劳模工匠是劳模精神、劳动精神、工匠精神的忠实践行者和弘扬者。新中国成立以来，一批又一批劳模工匠，在党的领导下，用奋斗创造了一个又一个“中国奇迹”，在实践中培育形成了爱岗敬业、争创一流、艰苦奋斗、勇于创新、淡泊名利、甘于奉献的劳模精神，崇尚劳动、热爱劳动、辛勤劳动、诚实劳动的劳动精神，执着专注、精益求精、一丝不苟、追求卓越的工匠精神，劳模精神（劳动精神、工匠精神）是中国共产党人精神谱系的重要组成部分，是中国共产党人红色基因的重要组成部分，已成为新时代引领社会风尚、构建新发展格局、推进中国式现代化的重要精神支撑。要着眼弘扬劳模精神、劳动精神、工匠精神，积极协调有关方面加大对劳动模范和工匠人才的宣传力度，开展“最美职工”、“大国工匠年度人物”等评选和学习宣传，深化“中国梦·劳动美”等主题宣传教育，开展“劳模工匠进校园”等活动，讲好劳模故事、劳动故事、工匠故事。要创新宣传理念，丰富宣传形式，充分利用主流媒体，发挥工会院校、报刊、网站、文化宫、出版社、职工书屋工会宣传舆论阵地作用，用好微博、微信、抖音号、视频号等新媒体手段，抓住每年“两会”、“五一”劳动节、国庆节、中央全会召开等重要时间节点，集中精力，扩大声量，使劳模工匠的先进事迹广为人知、劳模工匠的重要贡献受人尊敬、劳模工匠的宝贵精神深入人心，进一步唱响“劳动光荣、创造伟大”的时代强音，让劳动模范、工匠人才成为职工群众中最闪亮的群体。

搭建劳模工匠发挥特长作用平台。劳模工匠是劳动者的杰出代表，是党和国家的宝贵财富，他们精神崇高、技艺精湛，既有着对工作事业的无限热爱，又有着对技能水平的不懈追求，在帮助职工树立正确价值观念、提高技术技能水平，助力企业攻克技术难题、增强核心竞争力等方面都发挥着不可替代的重要作用。要发挥劳模工匠“传帮带”作用，深化劳模和工匠人才创新工作室创建工作，构建线下线上相结合的工匠学院建设体系，为他们提供必要的经费、人员支持，为劳模工匠向职工传授技术、业务知识创造有利条件，激励更多劳动者特别是青年一代以劳动模范、大国工匠为榜样，勤于创造、勇于奋斗，走技能成才、技能报国之路。要深入开展“劳模工匠助企行”专项行动，组织劳模工匠技术服务队深入“专精特新”企业、中小微企业，通过现场指导、技术辅导等方式，帮助他们解决技术难题；开展有针对性的技能培训服务和“名师带徒”活动，帮助“专精特新”企业、中小微企业职工提升技能水平和就业能力；通过兼职参与创新、短期合作、联合攻关、联盟结对等方式，到“专精特新”企业、中小微企业开展技术咨询、产品开发、技术攻关、工艺改进、成果转化等服务，帮助“专精特新”企业、中小微企业提升创新能力和市场竞争力；向“专精特新”企业、中小微企业传授企业管理、班组建设等经验，帮助“专精特新”企业、中小微企业提升管理效率和水平。

完善劳模工匠关心关爱机制。关心关爱劳模工匠，是在全社会营造尊重劳模工匠、崇尚劳动创造氛围，激励更多职工争当劳模工匠、成为劳模工匠的重要举措，也是贯彻党全心全意依靠工人阶级根本方针的重要体现。要加强劳模工匠教育培训，依托工会院校等，做强、做专劳模本科教育，打造劳动模范和大国工匠继续研修深造的平台，不断提升广大劳模工匠的综合素质与职业能力。要推动提高劳模工匠地位，邀请作出杰出贡献的劳模工匠参加重要活动，享受特殊礼遇，依法依章程推荐劳模工匠作为人民代表大会代表候选人、政治协商会议委员人选、群团组织代表大会代表或委员会委员候选人，进一步提高劳模在职工代表大会中的比例，支持劳模工匠参与企业管理。要深化劳模工匠管理服务，坚持面向基层、面向一线、面向普通劳动者开展劳模工匠疗休养和健康体检等工作，及时推动解决劳模工匠生产生活中的困难，做好困难劳模工匠的帮扶救助工作，把党和政府的关心关怀送到广大劳模工匠的心坎上。

用心用情做好维权服务工作

徐田成

2023年10月23日，习近平总书记在同全国总工会新一届领导班子成员集体谈话时强调，工会作为职工利益的代表者和维护者，要认真履行维权服务基本职责，着力解决关系职工群众切身利益的实际问题，重视维护新就业形态劳动者的合法权益。中国工会十八大报告强调，用心用情做好维权服务工作，实现好、维护好、发展好职工群众的根本利益。工会是职工自愿结合的工人阶级群众组织，维护职工权益、为职工群众服务是工会的天然属性和生命线，必须认真履行维护职工合法权益、竭诚服务职工群众的基本职责。

一、充分认识新时代新征程工会做好维权服务工作的重要性必要性

党的十八大以来，以习近平同志为核心的党中央高度重视工会维权服务工作，习近平总书记多次作出重要指示，提出明确要求。2022年1月1日起实施的新修改的《工会法》明确规定，维护职工合法权益、竭诚服务职工群众是工会的基本职责。新时代新征程上，加强和改进工会维权服务工作意义重大。

（一）这是贯彻落实习近平总书记关于工人阶级和工会工作的重要论述的内在要求。

《习近平关于工人阶级和工会工作论述摘编》把“切实实现好、维护好、发展好工人阶级和广大劳动群众合法权益”作为一个专题，深刻阐明了工会维权服务基本职责的丰富内涵、核心要义和实践要求。习近平总书记强调，保障职工群众经济、政治、文化、社会权益是我国社会主义制度的根本要求，是党和国家的神圣职责，也是发挥广大职工群众积极性、主动性、创造性最重要最基础的工作。工会要赢得职工群众信赖和支持，必须做好维护职工群众切身利益工作，促进社会公平正义。习近平总书记深刻指出，工会要坚持以职工为中心的工作导向，抓住职工群众最关心最直接最现实的利益问题，认真履行维护职工合法权益、竭诚服务职工群众的基本职责。工会要把服务职工、维护职工合法权益的大旗牢牢掌握在手中，把群众观念牢牢根植于心中，练就见微知著、以小见大的真功夫，哪里的职工合法权益受到侵害，哪里的工会就要站出来说话。习近平总书记的重要论述，为工会做好维权服务工作指明了方向，提供了根本依据。各级工会要深入学习贯彻习近平总书记关于工人阶级和工会工作的重要论述，认真履行工会基本职责，切实做好维权服务工作，在强国建设、民族复兴伟业中作出新的贡献。

（二）这是履行工会政治责任、切实发挥工会组织作用的必然要求。

工会是经济关系、劳动关系矛盾的产物，工会诞生的最初职能就是保障劳动者的权益，代表和维护职工权益是工会存在、发展的基础和前提。习近平总书记强调，只有平时对职工群众关心关爱，关键时刻才能一呼百应，把职工群众紧紧团结在党的周围。党的二十大报告明确提出中国式现代化“是全体人民共同富裕的现代化”，其本质要求包含了“发展全过程人民民主”和“实现全体人民共同富裕”。报告还将“人的全面发展、全体人民共同富裕取得更为明显的实质性进展”，列入2035年我国发展的总体目标之中，并把“坚持以人民为中心的发展思想”作为全面建设社会主义现代化国家必须牢牢把握的一项重大原则。工会落实以人民为中心的发展思想，就要坚持以职工为中心的工作导向，认真履行维护职工合法权益、竭诚服务职工群众的基本职责，把劳动就业、技能培训、收入分配、社会保障、安全卫生等问题，一线职工、农民工、困难职工等群众，摆在工会工作的重要议事日程上来，经常抓、反复抓、深入抓，不断提升工人阶级和广大劳动群众的获得感、幸福感、安全感。

（三）这是顺应时代发展潮流、职工队伍变化的客观要求。

党的二十大报告明确提出，以中国式现代化全面推进中华民族伟大复兴；强调要采取更多惠民生、暖民心举措，着力解决好人民群众急难愁盼问题，特别是提出“全心全意依靠工人阶级，健全以职工代表大会为基本形式的企事业单位民主管理制度，维护职工合法权益”、“支持和规范发展新就业形态”、“加强灵活就业和新就业形态劳动者权益保障”。这些战略任务和重大部署给做好工会工作提出了新的更高要求。随着新一轮科技革命和产业变革深入发展，新技术新业态新模式不断涌现，我国产业结构、就业形态等发生深刻变革，与之相适应，职工队伍结构、素质能力、愿望诉求等呈现出新的变化。职工教育程度普遍提高，技能素质显著提升，更加注重自身成长和长远发展、更加追求工作和生活均衡化、更加企盼不断提升生活品质。各级工会要坚持以职工为中心的工作导向，坚持从群众多样化需求出发开展工作，打通服务群众的新途径，以服务群众实效打动人心、温暖人心、影响人心、赢得人心。

二、把维护职工群众合法权益的大旗牢牢掌握在手中

各级工会要从职工群众最关心的劳动就业、收入分配、社会保障、安全生产和职业健康、民主政治权利等着手，切实维护保障职工群众合法权益，促进广大职工共享经济社会发展的成果。

（一）深化工会就业创业服务。

就业是劳动者生存的经济基础，也是其融入社会、共享发展成果的前提，牵动着千家万户的生活。解决好就业问题事关经济社会发展全局，这不仅是重大的经济问题、社会问题，也是重大的政治问题。各级工会要把就业工作摆在更加突出的位置，落实就业优先战略，在深化就业创业服务上贡献工会力量。

持续关注职工群体就业状况。要密切关注就业形势，依托工会劳动关系监测平台，加强与高校、专业机构合作，及时了解掌握重点行业、重点地区企业用工和职工劳动经济权益状况。对可能出现规模裁员的企业，早预见、早介入，做好劳动关系处置和再就业帮扶，尽力把裁员影响降到最低。同时，主动与有关部门沟通，及时反映职工在就业岗位、工作时间等方面存在的问题，积极参与相关政策制定。

积极协助落实助企稳岗政策。市场主体是经济发展和就业增长的源头活水。当前国家各类社保降费缓缴、稳岗返还等惠

企政策陆续出台。要加强跟踪调研，及时掌握重点行业、重点群体稳岗政策落实情况，协助做好政策微调。配合政府部门抓好各项政策落实，助力企业纾困解难、稳岗扩岗。

做好重点群体就业援助。在全国范围内开展“困难职工家庭高校毕业生阳光就业暖心行动”，对困难职工家庭高校毕业生优先推荐岗位，优先落实政策，优先组织培训见习，优先提供指导服务，实现“一人一档”、“一人一策”。加强灵活就业服务，举办“工会进万家·新就业形态劳动者温暖行动”线上专场招聘会，动员和组织新业态领域头部企业、大中型国企和民企等，为新就业形态劳动者提供更多合适岗位，拓宽就业渠道。对特困行业转岗职工、就业困难群体，持续加强就业帮扶，协助政府落实兜底保障政策。

（二）突出维护职工收入分配权益。

工资收入是民生之源，是职工劳动经济权益的核心，也是工会维权的重点。各级工会要积极参与收入分配制度改革，推动健全科学的工资水平决定机制、正常增长机制和支付保障机制，切实维护好职工的工资收入权益。

推动完善收入分配方面的法律法规。积极参与工资支付保障条例等法规政策的制定，推动完善工资指导线、劳动力市场工资指导价位、企业薪酬调查和信息发布等制度。

建立和完善以工资集体协商制度为主要形式的企业工资决定机制。以营造协商共识、提升协商能力，完善法律法规、健全相关机制为重点，推动建立与我国社会主义市场经济相适应的、具有中国特色的工资集体协商制度。加强宣传，提高认识，增强职工参与工资集体协商的自觉性，实现职工全过程参与工资集体协商。加强协商主体建设，推动行业工会联合会，支持行业协会（商会）建设，把制定劳动定额标准、计件单价、工种指导价位等作为行业协商的重点。

着力推动提高技术工人待遇水平。各级工会特别是基层工会要积极参与企事业单位有关具体政策的制定，通过工资集体协商、职代会等途径，推动完善技术工人薪酬激励机制，提高技术工人特别是高等级技术工人待遇，使他们稳步进入中等收入者行列，带动广大一线工人工资增长。

积极参与宏观分配体制改革，推动建立职工工资合理增长机制。推动最低工资保障制度的完善，在发展生产的基础上适时推动最低工资标准的提高，促进低收入岗位工资增长。加强劳动定额标准制定和管理工作，推动政府劳动主管部门尽快制定出台有关政策措施规范企业劳动定额管理。促进消除各种形式的体制性障碍，建立统一开放的劳动力市场，实现同工同酬。

推动健全工资支付保障机制，配合政府部门开展工资支付专项检查和督查，推动完善欠薪报告制度和发生欠薪后的救济制度，督促用人单位规范工资支付行为，有效解决农民工欠薪问题。

（三）加强新就业形态劳动者权益保障。

当前，以货车司机、网约车司机、快递员、外卖配送员为代表的、依托互联网平台就业的新就业形态劳动者数量迅猛增长，规模持续扩大。同时，这些群体的权益缺乏制度保障，容易受到侵害，对工会做好新就业形态劳动者权益保障工作提出了新的更高要求。

加大源头参与力度，推动劳动法律法规制定及修改。继续推动《集体协商法》、《企业民主管理法》等法律制定及《劳动法》、《劳动合同法》、《社会保险法》等法律修改，积极配合做好《基本劳动标准法》立法工作。积极参与规范新就业形态劳动者用工政策制定，推动建立健全新就业形态劳动者权益保障地方性政策法规体系。

加强调查研究，加快推动行业明确劳动定员定额标准。科学确定劳动者工作量和劳动强度，通过“算法取中”等方式，合理确定订单数量、准时率、在线率等考核要素，让新就业形态劳动者有足够的休息时间。推动平台企业科学调整算法、完善劳动定额标准。

完善协商协调机制，推进头部平台企业协商协调机制建设。引导互联网平台企业、关联企业与工会或劳动者代表协商确定劳动报酬。推动头部平台企业建立协商协调机制，推广地方在新就业形态领域构建协商协调机制的典型经验。

开展好新就业形态劳动者职业伤害保障试点，防范和化解新就业形态劳动者职业伤害风险。研究探索企业为新就业形态劳动者参加养老保险、医疗保险给予补助的办法。探索新就业形态劳动者参加工伤保险、失业保险办法。

做好新就业形态劳动者建会入会工作。健全党建带工建、协同联动、入会和服务一体推进三项机制，着力优化工作格局；紧抓头部平台企业建会“重点突破”、行业工会建设“有效覆盖”、“小三级”工会“兜底吸纳”三个重点，努力实现建会入会新突破；落实数智赋能、加强调研、精准服务等五项措施，推动工作走深走实。努力打造“工会15分钟服务圈”，为新就业形态劳动者建会入会工作提供强有力的保障。

（四）提升职工社会保障水平。

社会保障是民生的安全网，是职工重要的社会经济权利，是保障人民生活、调节社会分配的一项基本制度。各级工会要按照党中央关于“健全覆盖全民、统筹城乡、公平统一、安全规范、可持续的多层次社会保障体系”的要求，不断推动提升职工社会保障水平。

源头参与国家和地方有关职工社会保障方面法律法规和制度政策的研究、制定和修改。坚持“抓两头”，一头强化制造业工人队伍的社会保障；另一头推动解决新就业形态劳动者的社会保险问题，健全农民工、灵活就业人员、新就业形态劳动者等重点群体参加社会保险制度，推动实现应保尽保和法定人群全覆盖。

推动并监督有关职工社会保障方面政策法规的贯彻执行，督促企业、职工依法参加基本养老、基本医疗、工伤、失业、生育保险。加强失业保险参保扩面工作，重点推动中小微企业人员、农民工等积极参加失业保险。实现工伤保险向职业劳动者的广覆盖，重点推动农民工、新就业形态劳动者等参加工伤保险。依法开展社会监督，推动建立社会保险监督委员会，及时掌握企业用工、参保等情况，及时了解职工群众社会保险权益的实现和保障状况，提出相应的对策建议。与政府部门协同配合，加大监督检查力度，促进解决社会保障政策法规落实中的突出问题。

积极开展帮扶工作。推动完善分层分类社会救助体系，做好城市困难职工帮扶工作，健全帮扶工作机制，建立困难帮扶、送温暖走访、互助保障相互衔接的帮扶工作格局。发挥工会互助保障重要补充作用，积极开展职工医疗（大病）互助活动，实现与国家社会保障体系有效衔接，减轻职工大病医疗负担。有针对性地促进农民工、新就业形态劳动者、困难职工依法参保，推动解决职工漏保、断保、转移接续等问题，发挥工会拾遗补缺的作用，促进广大职工公平享有社会保障权益。

（五）加强安全生产和职业健康工作。

安全是职工最基本的需求，生命安全与健康权是法律赋予职工的最基本的权利。各级工会要深刻领会习近平总书记关于安全生产和职业病防治的重要指示批示精神，督促企业落实安全生产主体责任，进一步加强安全生产和职业健康工作，有效维护职工的安全健康权益。

广泛宣传党中央、国务院关于安全生产和职业病防治的重大决策部署。引导企业和职工树立和遵守正确的安全价值观和行为准则，建设健康向上的安全文化。充分发挥工会“大学校”作用，加强职业安全卫生知识教育培训，通过举办学习培训班、组织职工开展针对安全生产和职业病防治的“五小”群众性创新创造活动、探索开展职工劳动保护技能竞赛等形式，充分调动职工群众参与安全生产和职业病防治的积极性。

积极开展群众性安全生产和职业健康活动。开展以“安康杯”竞赛为载体的群众性安全生产和职业健康活动，组织动员职工立足岗位开展隐患排查治理。加强安全型班组建设，落实“安全第一、预防为主、综合治理”方针，协助企业充分发挥班组在企业安全生产与职业病防治中的基础性作用，把班组打造成为安全生产和职业病防治的第一道防线。加大隐患排查和治理力度，建立完善隐患举报奖励制度。鼓励企业在产业升级、发展人工智能和技能改造，推动行业、企业制定和落实工作场所环境标准，为职工生产劳动创造更好条件。

督促企业履行安全生产主体责任和企业全员安全生产责任制。充分发挥职代会作用，推行安全生产和职业健康专项集体合同。加大对重点行业领域的劳动保护监督检查力度，对矿山、交通运输、危险化学品等重点行业领域，做到工会劳动保护检查全覆盖。做好特殊条件、特殊环境下劳动保护工作，推动加强和规范高温、低温、有毒有害等特殊工作环境劳动者的职业健康保护。依法参加职工伤亡事故调查处理，旗帜鲜明维护伤亡职工的合法权益，提出工会组织的意见和建议。

（六）保障职工民主政治权利。

企事业单位民主管理是工会组织职工依照宪法、法律法规规定，通过职工代表大会或其他形式，对所在单位涉及职工权益的有关事项，提出意见，参与管理，进行监督的管理制度和管理方式。新时代新征程，要提高做好企业民主管理工作的思想认识，加强企事业单位民主管理制度建设，不断开创企业民主管理工作新局面。

深化思想认识。充分认识和把握健全企业民主管理制度的重要意义，把企业民主管理放在以中国式现代化全面推进中华民族伟大复兴的全局中来认识，把企事业单位民主管理作为发展全过程人民民主的重要形式，自觉履行巩固党执政的阶级基础和群众基础的重要政治责任。

完善体制机制。坚持“党委统一领导、党政共同负责、有关方面齐抓共管、职工群众广泛参与”的领导体制和工作格局，加强工会与人社部、国资委、工商联等相关单位的协同配合，强化厂务公开协调领导机构职责。努力健全省、市、县三级厂务公开协调领导体系，夯实体制机制工作基础。

强化源头参与。主动推动全国性企业民主管理立法进程，积极参与立法调研、起草和论证工作。通过政府与同级工会联席会议研究企业民主管理工作相关议题，推动企业民主管理工作创新发展。各级厂务公开协调领导机构要积极支持本地区的企业民主管理立法修法工作，逐步建立起企业民主管理的法规政策体系。把企业民主管理的有关政策、法规和制度等，细化为可行的操作办法和考核评价标准，并根据企业发展的实际情况及时加以修改完善。

加强分类指导。针对国有企业，坚持国有企业普遍建制，推动企业民主管理制度写入国有企业公司章程、有效融入法人治理结构，纳入党委巡视、党建目标考核，实现国有企业民主管理工作提质增效。针对非公有制企业，把民营企业民主管理作为重点，坚持因企制宜、分步推进，大胆探索其任务、形式和渠道。对具备单独建制条件的企业，常态化推动职代会、厂务公开建制行动，不断扩大建制覆盖。对小微企业，要发挥区域性、行业性工会联合会作用，大力推行区域性、行业性职工代表大会制度。

（七）维护女职工合法权益和特殊权益。

依法维护女职工的合法权益和特殊权益，切实保障女职工在国家政治、经济和社会生活中的平等地位和各项权益，是党和国家的一贯政策，是全社会的共同责任，是工会女职工组织的基本职责。做好这项工作，对于维护社会稳定，推动男女平等，促进我国女职工进步与发展有着十分重要的意义。

积极参与国家和地方有关法律法规政策的研究制定，推动地方出台《女职工劳动保护特别规定》实施办法，推动涉及女职工权益的法律法规纳入国家和地方的立法规划。积极参与平等协商和签订集体合同工作，将女职工特殊权益的具体内容纳入集体合同和女职工权益保护专项集体合同。坚持职工代表大会中有一定名额，参与工会与同级政府联席会议中与女职工有关的劳动争议调解仲裁工作。

采用多种方式向女职工宣传法律知识，增强女职工的法治观念，自觉遵守国家的法律法规和用人单位的规章制度，了解法律法规所赋予的权利。加大向全社会宣传女职工权益保障法律法规的力度，定期开展普法宣传活动，不断优化维护女职工权益的法治环境，提高包括党政领导干部、工会干部、用人单位管理者等在内的全社会成员对国家保护女职工权益法律法规的认知程度。

大力加强与政府、行政部门的沟通合作，主动配合人大、政协及有关部门开展执法检查，对于检查中发现的问题，督促政府有关部门予以解决，督促违法用人单位进行整改。将女职工权益维护工作纳入工会群众性法律监督网络体系，与司法监督、行政监督和社会舆论监督结合起来。开展联合调查进行监督，常态化做好维权典型案例评选、联合专项执法检查、工会劳动法律监督，及时推动侵犯女职工权益案件调查处理。

借助社会各方面的力量和资源，协调内外关系，积极探索社会化维权的新方式、新途径、新举措，推动并逐步形成党委领导、政府重视、各方支持、工会运作、女职工参与的工作格局，使工会女职工组织的维权力量不断加强、领域不断拓展，切实保障女职工的合法权益和特殊权益。

三、把竭诚为职工群众服务作为工会一切工作的出发点和落脚点

加快构建以普惠性服务和精准帮扶为重点的工会服务职工体系，以实际行动把党和政府的关心关怀与工会组织的温暖送到职工群众心坎上。

（一）运用数字化技术推进服务职工群众项目。

近年来，各级工会贯彻落实习近平总书记关于网络强国的重要思想，积极开展工会数字化转型和智慧工会建设工作。要牢固树立网上联系职工、服务职工的理念，落实《加快工会数字化建设工作方案》，主动适应职工在线化特征，全面运用数字化技术，更多更好更及时服务职工群众。

构建联系职工服务职工的数字化智能化网上服务体系。大力推动工会干部上网、工会业务上网、工会资源上网。树立互联网思维、大数据思维，通过服务获取数据，通过数据积累分析再度精准投放服务，实现“服务-数据”双向驱动，实现服务的在线化。运用大数据、云计算、区块链、人工智能等新技术，强化服务对象、服务场景分析研究，创新服务内容，优化服务资源配置。

把握数字经济发展趋势和规律，以数字化赋能职工维权服务。加快智慧工会建设，推进会员实名制，完善工会和职工基础数据库，探索工会工作数字化、维权服务智能化协同发展。建设一套“全国标准+各地特色”的集成式服务内容，包括全国通行的标准服务和各地因地制宜的特色服务，推动各级工会以全总数字化平台为枢纽，积极开展服务内容和服务模式创新。

探索形成线下线上有机融合、相互支撑的组织体系。以智慧工会技术支撑体系为基础，创新线下组织方式，尝试使职工更方便、快捷享受组织的服务，参加组织的活动，形成线上线下共同推进的格局。在属地服务的基础上，探索跨区域、跨省域、全国共享的高频次、高黏性在线普惠服务项目，构建总体标准统一、部分创新差异的跨层级、跨地域、跨行业的全国数字工会“一张网”，实现工会工作和服务直接、直达亿万职工群众。

（二）积极推进职工服务阵地建设。

职工服务阵地是工会管理、使用的各级各类直接为职工服务的场所。要坚持以职工为中心，坚持公益性服务性方向，按照“突出公益、聚焦主业、自主经营、依法监管”的工作要求，推动职工服务阵地向高品质和多样化升级，更好发挥工人文化宫、工人疗休养院、职工互助保障组织等服务职工的作用。

建好用好管好职工文化教育体育阵地。优先盘活存量，坚持鼓励恢复重建、倡导维修改建、规范控制新建的工作方针，突出建好用好现有工人文化宫、工会院校等，恢复并完善其主业功能。坚持职工属性和工会属性，突出意识形态属性，正确处理政治定位与经济效益的关系，坚持把社会效益放在首位，努力实现社会效益和经济效益的统一。健全工人文化宫标准体系，贯彻落实《全国标准化工人文化宫指导标准（试行）》，评价100家左右全国标准化工人文化宫。以县级工人文化宫建设为重点，逐步推动经济较发达、职工人数多的县（县级市）工人文化宫建设全覆盖，把县级工人文化宫打造成综合服务阵地。

创新发展职工疗休养院工作。抓好工人疗休养院重点业务领域工作，做强做优劳模疗休养基地、职工医疗康复定点机构、职工健康管理中心三大品牌。突出职工疗休养服务品牌建设，制定《关于规范开展技术工人疗休养活动的意见》、《关于规范职工疗休养事业高质量发展的指导意见》，争取每个省（区、市）都有一家具有区位和资源优势、具有特色医疗服务和较强接待能力的工人疗休养院。推动职工旅行社、工会宾馆等积极承担劳模、职工疗休养等公益服务业务。

充分发挥职工互助保障组织作用。着力提升职工互助保障组织建设，提高统筹层级，推动实现省级统筹或省级管理。加强职工互助保障组织运营管理制度体系建设，规范财务和资金管理，防范和化解运营风险。发挥全国职工互助保障组织行业自律管理委员会的作用。开展提质扩面行动，推动提升职工互助保障活动的覆盖面和受益面，到2025年底参加职工互助保障活动的会员达到8000万人次左右。

（三）加强和规范工会户外劳动者服务站点建设。

各级工会大力加强工会户外劳动者服务站点建设，进一步整合内外资源，实现服务站点从“有没有”到“好不好”转变。

继续扩大站点覆盖。引导各种社会资源协同共建，积极争取政府有关部门加大支持力度，统筹推动服务站点建设、管理、运维等工作，推动实现2023年底全国服务站点达15万个、全国主要城市和城市重点区域基本实现15分钟服务圈交叉覆盖的工作目标。开展全国服务站点规划设计，推进服务站点工作管理平台开发。坚持因地制宜，在解决基本需求的前提下，根据现实条件合理设置功能。要以标准促规范、以规范促提升，确保既建得好、又管得好、更用得好。

持续提升服务质量。聚焦主责主业，解决好户外劳动者吃饭难、喝水难、休息难、如厕难等“关键小事”，更好为他们撑起“遮阳伞”、“防护伞”。继续做好服务站点上图工作，解决户外劳动者“不清楚、找不到”的问题。紧贴户外劳动者多样化差异化需求，完善服务设施，丰富服务功能，提升服务质量和专业水平，让更多的户外劳动者想进来、进得来、经常来。

加大宣传推广力度。组织开展“工会户外劳动者服务站点”推树、短视频微视频展播等活动，提高知晓度和美誉度。推动服务站点在数量上增加、在范围上拓展、在功能上增强，实现高质量发展，努力将其打造成党的政策理论的宣传站、帮扶困难职工的前哨站、传递爱心的接力站、补充能量的中转站。

（四）巩固城市困难职工解困脱困成果。

推动城市困难职工解困脱困是工会组织的一项重要政治任务。在迈向全面建设社会主义现代化国家新征程中，要把巩固拓展城市困难职工解困脱困成果、提升职工生活品质、促进实现共同富裕摆在工会工作更加重要的位置。

巩固城市困难职工解困脱困成果。保持主要帮扶政策总体稳定，坚持“脱困不脱政策”，从 2021 年起设立解困脱困 5 年过渡期，在过渡期内各项帮扶政策力度不减、措施不变。重点完善医疗、教育、就业等帮扶措施，兜底救助类帮扶政策要继续保持稳定。健全防止返困动态监测机制，加强对困难职工家庭生活状况监测预警。构建多层次常态化帮扶新格局，建立困难帮扶、送温暖走访、互助保障相互衔接、层次清晰的帮扶工作格局，对深度困难的困难职工家庭继续实行兜底帮扶，把相对困难、意外致困等困难职工家庭纳入帮扶范围。充分发挥职工互助互济优势，创新互助保障方式和优化功能。

持续提升职工生活品质。促进职工享有更稳定的工作，深化工会就业创业服务。促进职工享有更满意的收入，积极推动落实完善收入分配的各项政策，参与推动劳动标准体系的建立，促进企业健全反映劳动力市场供求关系和企业经济效益的工资决定和合理增长机制。推动完善职工社会保险制度，提升社保待遇水平。推动社会救助立法，健全分层分类的社会救助体系，将困难职工帮扶纳入社会救助体系。做好帮扶中心赋能增效试点工作，提升职工服务中心（困难职工帮扶中心）综合服务职工功能，培育一批以满足职工需求为导向的服务项目，建成示范性好、辐射功能强的服务型、枢纽型、高质量服务职工综合体。

丰富职工精神文化生活。开展群众性职工文体活动，加强职工心理咨询和心理疏导服务，推动形成健康文明、昂扬向上、全员参与的职工文化。激发职工提升生活品质的内生动力，坚持物质帮扶与扶志、扶智相结合，不断激发广大职工的内生动力，通过拼搏奋斗创造美好生活。

（五）加强工会农民工工作。

要进一步增强政治责任感和使命感，履行工会职责使命，认真做好农民工工作，在起点上全面推动工会农民工工作高质量发展。

强化对农民工的思想引领。积极宣传习近平新时代中国特色社会主义思想，引导广大农民工坚定不移听党话、跟党走。适应新生代农民工思想活跃、精神文化需求迫切、利益诉求多元的实际，创新工作方式载体，提高运用互联网组织引导服务农民工的本领。继续推动农民工当选各级党代表、人大代表、工会委员，具备条件的工会领导班子中增设农民工兼职副主席。加大农民工当选大国工匠、全国劳动模范的比例，提升农民工社会地位。

切实维护农民工劳动经济权益。积极参与涉及农民工利益的法律法规和重大政策的制定并推动实施。配合有关部门对农民工工资支付、社会保险、安全生产和职业健康等开展督导检查，推动落实农民工欠薪报告制度，协助政府部门做好根治欠薪工作。扩大农民工社会保险覆盖面，落实社会保险待遇。研究制定《关于深化工会参与尘肺病防治工作的意见》、《关于进一步加强工会劳动保护工作的意见》，深化以“安康杯”竞赛为载体的群众性安全生产活动，维护农民工安全健康合法权益。

提高服务农民工质量水平。利用网络平台，打造服务职工的新媒体矩阵和方便快捷、务实高效的服务通道。依托技能培训促就业、阳光就业暖心行动、职工医疗互助、送温暖、金秋助学等工会品牌活动，多渠道多层次多角度为农民工提供就业、教育培训、工资支付保障、社会保障、劳动安全卫生等服务，加大对困难农民工帮扶救助力度。推动农民工平等享受城市基本公共服务，推动实现非户籍人口落户。支持和鼓励全总文工团、职工艺术团等到农民工集中地慰问演出，推动文艺下基层活动和向基层送文化活动。继续组织开展关爱农民工子女主题活动，在全社会营造关心关爱农民工的浓厚氛围。

（六）加强工会系统援藏援疆、定点帮扶助力乡村振兴工作。

开展对口援藏援疆、定点帮扶助力乡村振兴工作，是工会服从服务党和国家工作大局，履行工会基本职责的应有之义。新时代新征程，各级工会要进一步提高政治站位、增强政治能力，进一步发挥工会组织在各项工作中的积极作用。

在对口援藏援疆工作方面，要把加强对各族职工的思想政治引领作为重点任务，深入学习贯彻习近平新时代中国特色社会主义思想，增进各族职工对伟大祖国、中华民族、中华文化、中国共产党、中国特色社会主义的认同。要深化“中国梦·劳动美”主题宣传教育，推动社会主义核心价值观融入生产生活，引导各族职工深刻认识国家好、民族好，大家才会好。提升维权服务水平，健全困难职工帮扶机制，做好返贫职工和新发生贫困职工帮扶工作。加大就业援助力度，结合有劳动能力的新疆西藏困难职工意愿和内地企业需求，推动新疆西藏困难职工外出务工。结合高海拔、低温等作业环境，有针对性地加强劳动保护工作，切实保障新疆西藏职工职业安全健康。增进内地与新疆西藏职工之间的交往交流，加强各单位之间、各族职工之间的交流，培育一批爱党爱国、爱疆爱藏、促进民族团结进步的职工典型。注重在基层一线和少数民族职工中发现培养工会干部，有针对性地加强对新疆西藏工会干部特别是年轻干部的培养锻炼。

在助力乡村振兴工作方面，要聚焦产业振兴，积极协调各方资源，继续帮助定点帮扶地区发展能源、旅游等新兴产业。结合定点帮扶地区的资源禀赋、产业基础、区位条件，继续支持创建农业产业强镇、现代农业产业园、优势特色产业集群。聚焦人才振兴，举办治理能力、素质能力提升等培训班，培训县乡村基层干部，接续打造“不走的工作队”。实施劳动技能培训项目，帮助有劳动能力的群众提升技能水平和就业能力。聚焦文化振兴，积极推动定点帮扶地区工人文化宫的建设、管理和改革发展，帮助改善公共文化基础设施，满足群众文化活动需求。组织劳动模范、大国工匠赴定点帮扶地区开展宣传宣讲，大力弘扬劳模精神、劳动精神、工匠精神，激发当地群众自力更生、勤劳致富的内生动力。聚焦生态振兴，坚持以普惠性、基础性、兜底性民生建设为重点，支持农村道路、供水、用电、住房安全等领域小型基础设施建设，改善农村生产生活条件，持续整治提升农村人居环境。

构建中国特色和谐劳动关系

裴朝锋

中国工会十八大报告提出，要积极推动构建和谐劳动关系。劳动关系和谐与否，事关企业发展和职工利益，事关经济发展与社会和谐。构建中国特色和谐劳动关系是工会的一项重要工作，新形势下，要准确把握我国当前劳动关系的性质、特点和趋势，认真履行工作职责，通过扎实有效的工作，推动建立规范有序、公正合理、互利共赢、和谐稳定的劳动关系。

一、增强构建中国特色和谐劳动关系的责任感紧迫感

新征程上，我们比以往任何时候都更加需要和谐稳定劳动关系的有力支撑，推动解决好职工群众急难愁盼的问题，更好维护和发展职工群众利益。

（一）深入学习贯彻习近平总书记关于构建和谐劳动关系的重要论述。

习近平总书记历来高度重视构建和谐劳动关系，在地方、中央工作期间对构建和谐劳动关系进行深入思考，作出一系列重要讲话和指示批示。早在浙江工作时，时任省委书记习近平同志对义乌工会社会化维权模式给予充分肯定，推动形成了劳动关系工作的浙江实践。到中央工作后，习近平同志多次就做

好构建和谐劳动关系工作发表讲话，对传化集团构建和谐劳动关系经验作出批示。2011 年 8 月，习近平同志代表党中央在全国构建和谐劳动关系先进表彰暨经验交流会上发表重要讲话，深刻阐述构建和谐劳动关系的重大意义，深刻指出构建和谐劳动关系，是建设社会主义和谐社会的重要基础，是增强党的执政基础、巩固党的执政地位的必然要求，是坚持中国特色社会主义道路、贯彻中国特色社会主义理论体系、完善中国特色社会主义制度的重要组成部分，其经济、政治、社会意义十分重大而深远。2013 年 10 月，习近平总书记在同全国总工会新一届领导班子成员集体谈话时指出，要推动发展和谐劳动关系，代表职工群众主动参与立法和政策制定，从制度上源头上保障职工群众利益，发展职工群众利益。2015 年 3 月，中共中央、国务院印发《关于构建和谐劳动关系的意见》，明确构建和谐劳动关系的重大意义、指导思想、工作原则、目标任务和具体举措，对构建中国特色和谐劳动关系进行顶层设计和总体部署。2015 年 4 月，习近平总书记在庆祝“五一”国际劳动节暨表彰全国劳动模范和先进工作者大会上指出，要最大限度增加和谐因素、最大限度减少不和谐因素，构建和发展和谐劳动关系，促进社会和谐。习近平总书记在党的十九大报告中指出，要完善政府、工会、企业共同参与的协商协调机制，构建和谐劳动关系。习近平总书记在党的二十大报告中强调，“健全劳动法律法规，完善劳动关系协商协调机制”、“全心全意依靠工人阶级，健全以职工代表大会为基本形式的企事业单位民主管理制度，维护职工合法权益”、“畅通和规范群众诉求表达、利益协调、权益保障通道”、“及时把矛盾纠纷化解在基层、化解在萌芽状态”。2023 年 10 月 23 日，习近平总书记在同全国总工会新一届领导班子成员集体谈话时指出，要加强企事业单位民主管理，畅通职工诉求表达渠道，引导职工依法维护自身权益，推动构建和谐劳动关系。习近平总书记立足党和国家工作全局，系统阐述构建和谐劳动关系的科学内涵、本质要求、地位作用、基本原则、目标任务等一系列重大问题，形成了习近平总书记关于构建和谐劳动关系的重要论述，为我们构建中国特色和谐劳动关系指明了前进方向，提供了根本遵循。必须深刻领会、牢牢把握，进一步提高思想认识和政治站位，深刻认识新时代新征程构建中国特色和谐劳动关系的重大意义，切实增强责任感、使命感和紧迫感，明确目标任务，采取有力措施，切实维护广大劳动群众合法权益，帮助广大劳动群众排忧解难，推动他们共建共享改革发展成果，引导他们听党话、感党恩、跟党走。

（二）准确把握当前劳动关系面临的形势变化。

当前，我国劳动关系总体和谐稳定。同时也要看到，进入新发展阶段，发展目标、发展任务、发展环境发生了许多新的变化，职工队伍结构深刻变化，职工对美好生活需要日益增长，职工诉求更加多元，劳动关系调处难度、复杂程度不断增加，构建和谐劳动关系面临许多新机遇新挑战，工作任务更加艰巨繁重。从经济形势来看，世界经济复苏动力不足，国内外经济形势依然复杂严峻，在中美贸易摩擦等外部环境影响下，断链、脱钩、产业链转移风险加剧，国内经济面临新的下行压力，一些企业因出口订单量下降、营收减少导致经营困难，经济领域矛盾风险向劳动关系领域传导，企业工作岗位、工资发放、社会保险和福利待遇等受到一定影响，对企业劳动关系的和谐与稳定提出了新的挑战。从就业趋势来看，随着互联网、大数据、云计算、人工智能、区块链等智能产业、数字经济蓬勃发展，产业发展模式和人民生活方式发生极大改变，同时也加速了劳动关系的演变，以货车司机、网约车司机、快递员、外卖配送员为代表的、依托互联网平台就业的新就业形态劳动者数量大幅增加，其就业方式、劳动关系、权益保障、组织方式存在许多新的特点。从完善企业分配制度来看，要坚持促进企业发展、维护职工权益的企业工会工作原则，将保障劳动者权益和推进企业发展有机统一起来，推动尽快完善按技术技能要素参与分配的有关政策，充分释放劳动、资本等各类要素的发展潜力和合作潜能，为经济社会注入源头活水、积蓄持久动能，不断满足广大职工对工资收入、社会保障、工作条件、劳动保护、精神文化、民主法治、公平公正等方面的期待，以劳动关系和谐助推高质量发展。

（三）充分认识工会在构建和谐劳动关系中的重要职责任务。

解决广大职工最关心、最直接、最现实的利益问题，切实维护其根本权益，是构建和谐劳动关系的根本出发点和落脚点。工会是劳动关系的产物，是职工利益的代表者和维护者，更应在构建和谐劳动关系中发挥重要作用。加强企事业单位民主管理规范化建设，进一步健全以职工代表大会为基本形式的企事业单位民主管理制度，规范集团职代会制度，制定职工代表大会操作指引，推进省级厂务公开协调领导机构建设，加强厂务公开先进单位动态监管，推进政府与同级工会联席会议制度常态化。坚决维护劳动领域政治安全，加强维护劳动领域政治安全体系和能力建设，落实“五个坚决”要求长效机制有效运转，职工队伍和工会组织更加团结统一。新时代新征程，工会要立足共建共治共享社会治理的新格局，分析把握劳动关系变化的新特点新趋势，深入研究我国社会主要矛盾变化背景下职工群众的新需求新期待，把推动构建中国特色和谐劳动关系作为工作主线，以规范有序、公正合理、互利共赢、和谐稳定为目标，积极代表职工参与劳动关系协调，及时化解劳动关系领域矛盾和纠纷，最大限度增加和谐因素、最大限度减少不和谐因素，理性表达利益诉求，维护职工队伍团结统一与社会和谐稳定，在完善社会治理体制与提高社会治理水平中发挥工会组织应有的作用。

二、推动构建中国特色和谐劳动关系的制度机制保障

实现劳动关系的长期稳定，关键还是靠制度机制来保障，要健全法律制度，完善政府、工会、企业共同参与的协商协调机制，各方协调、相互支持，统筹谋划、系统推进，形成共同推动的整体合力。

（一）健全完善工会源头参与机制。

在党委领导下，加强与各级人大、政府、政协及有关部门的沟通联系，积极参与涉及构建和谐劳动关系的法律法规、政策制度的研究制定，充分反映职工诉求和工会意见，推动涉及职工切身利益的法律法规政策制定和修改，进一步完善工会协调劳动关系法律制度体系，从源头上维护职工合法权益。研究修改完善《劳动合同法》、《就业促进法》、《社会保险法》、《劳动争议调解仲裁法》等法律，研究制定《基本劳动标准法》等劳动领域骨干性法律，加强《劳动保障监察法》、《集体合同法》、《企业民主管理法》的立法调研，进一步完善劳动法律法

规体系，积极参与职工就业、收入分配、社会保障、劳动安全卫生等政策制定。健全完善劳动争议多元化解机制，推进企业和行业性、区域性劳动争议调解组织建设，完善诉调对接工作机制和调解协议履行机制，加强工会参与劳动争议调解工作与人民调解、仲裁调解、司法调解的联动协作和平台对接，不断提升劳动争议调裁审对接工作信息化、智能化水平。完善工会劳动法律法规监督机制，落实《工会劳动法律监督办法》，突出预防和协商的监督理念，重点围绕用人单位恶意欠薪、违法超时加班、违法裁员、未缴纳或未足额缴纳社会保险费等问题，规范和加强工会劳动法律监督工作。推行工会劳动法律监督“一函两书”、“一样本两指引”、劳动用工法律体检、劳动用工监督评估等做法，推动各地工会建立健全与劳动保障监察机构的联动协作机制，全面提升监督实效。壮大工会劳动法律监督员、劳动保护监督检查员、劳动争议调解员、兼职仲裁员等工会法律人才队伍，加强工会法治宣传教育，引导职工增强法律意识和法治观念，以理性合法形式表达利益诉求、解决利益矛盾、维护自身权益。

（二）完善劳动关系协商协调机制。

认真贯彻落实《中共中央 国务院关于构建和谐劳动关系的意见》，坚持和加强党对构建和谐劳动关系工作的全面领导，从工会自身职责出发，积极参与推动有关调整劳动关系的制度机制和能力建设，推动形成党委领导、政府负责、社会协调、企业和职工参与、法治保障的工作体制。健全协调劳动关系三方机制，充分发挥国家协调劳动关系三方机制作用，统筹国家协调劳动关系三方和其他有关部门力量，健全完善国家协调劳动关系三方对劳动关系重大问题定期会商研判制度，加强沟通协调，充分发挥政府、工会和企业代表组织共同研究解决有关劳动关系重大问题的重要作用。推进三方机制实体化建设，进一步健全协调劳动关系三方组织体系，重点推动工业园区、乡镇（街道）和行业系统建立三方机制，努力构建多层次、全方位、网格化劳动关系协商协调格局。强化政府与同级工会联席会议制度建设，将其作为工会从宏观和源头上参政议政的重要举措、发展全过程人民民主的重要制度安排，纳入法治化轨道，确保定期召开，推动政府与同级工会联席会议制度常态化并向市县延伸，提出精准的高质量议题，设置问题库和清单，强化会前主动沟通协调，更好地为职工解决急难愁盼问题，持续加大落实力度，明确责任单位、时间节点，抓好监督检查，总结提炼经验，推动规范运行，持续探索创新，积极帮助工会解决职工群众的实际困难和问题，促进联席会议制度高质量运行，取得更大成效。积极推行集体协商和集体合同制度，特别是推进行业性、区域性集体协商，开展集体协商“要约行动”、质效评估等，深化女职工权益保护专项集体合同，落实《工作场所高温和高寒天气劳动者权益保障制度（参考文本）》，推广总结在环卫、保安、快递等行业开展集体协商的经验做法，推动职工技能和创新要素参与企业分配。以一企一策的方式，推动更多头部平台企业召开全国层级的协商恳谈会，联合开展新就业形态劳动者权益保障专项行动，推动平台企业、关联企业与工会或劳动者代表就劳动报酬、支付周期、奖惩机制、休息休假、劳动安全等开展协商，推动集体协商工作提质增效。发挥典型示范引领作用，深入开展劳动关系“和谐同行”千户企业培育共同行动，积极推进和谐劳动关系创建活动，做好全国模范劳动关系和谐企业与工业园区推荐评选等工作，广泛宣传和谐劳动关系企业典型。

（三）健全企事业单位民主管理制度。

加强企事业单位民主管理制度建设是构建和谐劳动关系的有效举措，是实现我国全过程人民民主、发展社会主义民主政治的重要途径。贯彻全心全意依靠工人阶级方针，落实发展全过程人民民主的要求，健全以职工代表大会为基本形式的企事业单位民主管理制度体系，推进区域性行业性职代会制度建设，将职工代表大会等企业民主管理纳入公司章程，融入企业法人治理结构和管理体系。推行职工董事、职工监事制度，畅通民主参与渠道，依法保障职工知情权、参与权、表达权、监督权，保障职工群众主人翁地位。加强厂务公开制度落实，推动省级厂务公开协调领导机构加强组织建设。创新民主管理实践形式，深化民主管理载体建设，强化分类指导，推动国有企业加强民主管理，促进非公有制企业建立健全民主管理，积极扩大民主管理工作对中小微企业的有效覆盖。注重激发职工的主人翁意识，鼓励基层探索依靠职工、发动职工、组织职工参与职工之家建设的有效路径，充分发挥模范职工之家典型示范作用，完善职工之家建设内容，提升工作质量，让职工切身感受到“家”的关怀和温暖。

三、坚决维护劳动领域政治安全和职工队伍团结统一

构建和谐劳动关系与维护劳动领域政治安全是一体两面、相辅相成的。维护劳动领域政治安全，保持职工队伍团结统一和社会大局稳定，工会组织使命在肩、责任重大。

（一）加强体系能力建设。

维护劳动领域政治安全工作是一项系统工程，具有高度的政治性、主动性、协同性和行动性。要胸怀“两个大局”，深入贯彻落实总体国家安全观，以“时时放心不下”的责任感做好工作，增强忧患意识、坚持底线思维，发扬斗争精神、增强斗争本领，坚决防止敌对势力借所谓“维权”插手煽动、渗透破坏，坚决防止所谓“独立工会”、“民间工会”的出现，坚决维护职工队伍和工会组织的团结统一，坚决维护企业和社会大局和谐稳定，坚决捍卫中国共产党领导和我国社会主义制度，不断巩固党长期执政的阶级基础和群众基础。健全完善工会维护劳动领域政治安全机制，建强用好部委协同机制和地方联动机制，做实下沉地方联动机制，建立健全统一指挥、各方协同、纵横连通、实时高效的工作体系，针对重大问题、重点任务，做到密切合作、共同研究、协同处置，有效汇聚起维护劳动领域政治安全的合力。认真贯彻加强工会维护劳动领域安全稳定体系和能力建设的意见，加强工作体系和制度建设，着力形成覆盖全面、重点突出、渠道畅通的工作网络，坚持日常和定期沟通协调，强化应急、处置管理，及时总结试点经验，加强信息员队伍建设，加大考核评价力度，优化考核指标，改进考核方式，强化结果运用，抓好问题整改，不断提升维护劳动领域政治安全10项机制的耦合成效，努力把各项要求落到实处。牢固树立防抵渗透意识，加强实质性管控，坚决打击各种敌对势力渗透颠覆煽动破坏活动，健全职工国家安全、劳动领域政治安全教育制度，提高职工国家安全意识，教育引导职工对敌对势力的渗透破坏保持高度警觉，更加自觉积极主动地参与到维护劳动领域政治安全中来，筑牢维护劳动领域政治安全的职工防线。

（二）防范化解风险隐患。

坚决落实党中央防范化解重大风险的决策部署，始终绷紧维护劳动领域政治安全这根弦，加强工会劳动关系风险监测预警平台建设，健全劳动关系风险监测、分析、预防、处置机制，完善数据采集、研判分析、形成报告、信息报送、效果反馈等全流程工作机制，打造来源可靠、覆盖广泛、运行顺畅、反应迅速的工会劳动关系监测系统，建设工会劳动关系数据库，提高预警体系的针对性与有效性。坚持和发展新时代“枫桥经验”、“浦江经验”，综合职工服务热线、舆情监测、法律服务、工会信访等数据信息，密切关注降薪裁员、欠薪欠保、劳资纠纷、生活困难等可能引发的突出风险，总结经验做法，做足预案，实现重大矛盾隐患早关注、早发现、早会商、早解决。加强劳动争议多元化解，积极推进“工会+法院+检察院+人社+司法”协作联动机制建设，构建劳动争议受理、调查、协调、调解、签约、结案、回访、归档等一体化业务标准体系，畅通劳动者诉求表达、利益协调和权益保障通道，下好先手棋，打好主动仗，及时精准拆弹，真正把劳动关系矛盾化解在基层、化解在萌芽状态。

（三）筑牢夯实基础保障。

建立健全全国工会“12351”职工维权服务热线，通过数字化、智能化方式，加强工会热线呼叫整体系统建设，实现关口前移、预防为先、源头化解，及时有效解决职工关心的问题，把“12351”热线打造成新时代工会系统及时、高效解决职工群众“急难”问题的重要渠道和亮丽品牌。建强用好工会信访工作机制，强化信访工作领导小组作用，运行维护好全国工会信访工作信息平台，加强工会信访问题源头治理、风险预警和应对处置，推动矛盾纠纷及时化解，为维护劳动领域政治安全赋能增效。深入推进社会组织建会专项行动，加强对劳动关系领域社会组织的政治引领、示范带动和联系服务，培育孵化工会主导的社会组织，接长工作手臂，拓展服务链条，通过项目合作、购买服务等社会化、市场化方式，引导社会组织为职工提供专业化服务。加强舆论宣传引导，积极争取主渠道、主阵地的大力支持和配合，加强工会网评员队伍建设，用好网络平台和新媒体手段，积极开展“网聚职工正能量 争做中国好网民”主题活动，坚持走好网上群众路线，巩固主流思想舆论，发挥正面引导作用，形成全社会共同关心、支持和参与的良好氛围。

突出抓好基层基础工作

马　骥

中国工会十八大报告提出，突出抓好基层基础工作，打通服务职工群众“最后一公里”。各级工会要深入贯彻落实按照习近平总书记关于加强基层工会建设“三个着力”的重要指示精神，坚持大抓基层的鲜明工作导向，把力量配备、服务资源向基层倾斜，积极扩大工会组织和工作覆盖面，努力把工作做到所有职工群众中去，使基层工会真正建起来、转起来、活起来。

一、充分认识抓好基层基础工作的重要意义

广大职工生产生活在基层，工会组织扎根在基层，工会工作开展在基层。工会组织必须做好打牢基础、夯实基层的工作，才能直接直达亿万职工群众，不断激发基层工会活力，推动工会工作高质量发展，在党和国家工作大局中更好地发挥作用。

（一）突出抓好基层基础工作，是贯彻落实习近平总书记关于工人阶级和工会工作的重要论述、关于大抓基层的重要论述的重要举措。

党的十八大以来，习近平总书记对扎实做好抓基层、打基础、固根本的工作作出一系列重要指示，强调基层是党的执政之基、力量之源，必须把抓基层打基础作为长远之计和固本之

策，把资源、服务、管理下沉基层、做实基层。习近平总书记在党的二十大报告中，再次要求坚持大抓基层的鲜明导向，体现了习近平总书记对抓好基层、打好基础的一以贯之的高度重视。这些重要论述，指出了基层工作的重要地位和作用，对各级重视基层、关心基层、支持基层提出了明确要求，是我们全面抓好基层基础工作的根本遵循。

习近平总书记始终心系广大基层职工群众，高度重视基层工会工作，多次就抓好基层基础发表重要讲话、作出重要指示。在基层工会的地位作用上，强调基层组织处在群众工作第一线，基层工会离职工最近，联系职工最直接，服务职工最具体，是工会工作的基础和关键；在基层工会建设目标要求上，强调使基层工会真正建起来、转起来、活起来，让职工群众真正感受到工会是职工之家，工会干部是最可信赖的娘家人、贴心人；在基层工会工作导向上，强调坚持以职工为中心的工作导向，从群众需要出发开展工作，使服务更直接、更深入、更贴近工人阶级和广大劳动群众；在扩大组织覆盖和工作覆盖上，强调要健全已有的组织基础，扩大工会组织覆盖面，努力把工作做到所有职工群众中去，把更多职工群众吸引到工会中来、吸引到工会活动中来；在基层工会发挥作用上，强调要夯实基层基础，激发基层活力，不断增强基层工会的引领力、组织力、服务力，抓住职工群众最关心最直接最现实的利益问题，认真履行维护职工合法权益、竭诚服务职工群众的基本职责；在加强对基层工会的支持保障上，强调要把力量和资源向基层倾斜投放，着力加强队伍建设，在阵地建设、项目筹划、资源使用、力量调配等方面整合联动，夯实工作基层基础。

习近平总书记关于工人阶级和工会工作的重要论述、关于大抓基层的重要论述，系统回答了为什么抓基层工会、抓什么、怎么抓、取得什么成效等一系列重大理论和实践问题，是推动新时代新征程基层工会工作创新发展的行动指南。各级工会要认真学习领会，提高政治站位，凝聚思想共识，切实站在巩固党执政的阶级基础和群众基础、直接发挥桥梁纽带作用的高度，将抓好基层基础工作摆在更加突出的位置加以推进，把基层工会打造成党的职工群众工作的坚强堡垒。

（二）突出抓好基层基础工作，是积极适应经济社会发展、职工队伍变化的迫切需要。

当前，我国已迈上全面建设社会主义现代化国家的新征程，先进制造业、战略性新兴产业、现代服务业等产业加快发展，数字经济、共享经济等新业态蓬勃兴起，企业组织形式、管理模式、生产经营方式及用工方式等发生深刻变化，基层工会工作面临的对象、领域、任务、方式等随之发生深刻变革。

从企业组织来看，全国市场主体数量不断增加，经营方式更加灵活多样，企业的组织结构日益复杂，新经济组织、新社会组织大量涌现，企业组织形式日益从集中化、标准化的“工厂型”向分散化、灵活化的“在线零工”转变，跨地区、跨产业大型化、多样化企业集团化不断发展，这些都对加强基层工会建设、理顺工会组织体系、规范工会组织运行提出了新挑战。从职工队伍状况来看，目前全国职工总数4.02亿人，大部分生产生活在基层，同时，制造业的从业人员比重不断下降，第三产业就业人员比重大幅上升，以货车司机、网约车司机、快递员、外卖配送员等为代表的新就业形态劳动者迅猛增长，其流动性强、工作时间碎片化、就业契约去劳动关系化的特点，对工会创新建会入会方式和维权服务方法提出了新要求。从基层工会工作内容看，当前我国劳动就业、收入分配、社会保障等民生领域存在一些短板，新就业形态劳动者、农民工、城市困难职工等群体利益的实现还有不少难点和堵点，特别是职工群众的美好生活需要日益广泛、迭代提升，正在从满足基本生活需要向提升生活品质转变，从满足物质性需求向体面劳动、实现自我价值等社会性、精神性需求转变。所有这些都要求工会组织必须把基层基础工作作为一项长期任务抓紧抓好，不断扩大组织覆盖和工作覆盖，把工作触角延伸到新经济组织、新社会组织等领域，把工作重点下移到街道、社区，在社会治理特别是基层社会治理中更好发挥协调劳动关系、扩大社会参与、提供公共服务、开展民主协商的重要作用，切实把工会的政治优势、组织优势转化为治理效能。

（三）突出抓好基层基础工作，是深化工会改革和建设、有效发挥桥梁纽带作用的内在要求。

习近平总书记在党的二十大报告中明确提出，要深化工会、共青团、妇联等群团组织改革和建设，有效发挥桥梁纽带作用。自 2015 年中共中央印发《关于加强和改进党的群团工作的意见》以来，各级工会紧紧围绕保持和增强政治性、先进性、群众性，上下联动合力推进改革，实现顶层设计和基层探索的良性互动、有机结合，增强改革的系统性、整体性、协同性，不断推动工会改革创新向基层延伸拓展，取得了较好的工作成效。

基层是改革的“最后一公里”，改革只有在基层落地生根，才能激发基层活力。基层工会工作特别是基层工会建设中还存在一些困难和问题，主要有：基层工会组建仍然存在不少空白点，一些头部平台企业建立了工会，其下属企业、关联企业尚未建会，还有一定数量的新就业形态劳动者没有组织到工会中来；一些基层工会组建质量不高，形式上工会组织建立起来了，牌子挂出来了，但缺乏凝聚力和吸引力，存在职工“被入会”、“被覆盖”的现象；基层工会“缺经费、缺办公场所、缺工作人员”问题依然普遍存在，部分基层工会组织机构不健全、制度执行和程序落实不到位；一些基层工会干部不能适应数字时代发展潮流，在专业素养、创新能力、工作作风上还有差距。这些问题的存在，制约了基层工会组织作用发挥，降低了工会组织在职工群众中的动员力、号召力、影响力。这就要求必须树牢落实靠基层、落实在基层理念，自觉运用改革创新精神推进基层工会建设，引导人员、资源、服务向基层下沉，破除短板弱项，增强内生动力，鼓励基层创新创造，总结推广基层经验，推动基层工会改革和建设取得更大成效。

二、着力解决制约基层基础工作的突出问题

中国工会十八大报告坚持问题导向，直面基层工会建设中存在的问题，坚持和运用系统观念处理好各方面关系、调动好各方面积极性，注重工会内外联动、各级工会上下互动、产业地方协同，在加强组织建设和作用发挥上作出一系列具体安排、提出一系列务实举措，力求扩大工作覆盖、激发基层活力、充分发挥作用。

（一）实施大抓基层三年行动。

持续深化党建带工建、工建服务党建机制，推动大抓基层工会纳入党建工作规划和考核体系。要树立“一盘棋”思想，把大抓基层工会列入重要议事日程，制定工作规划和具体实施办法，统筹推进入会、维权、服务、保障等工作，凝聚全会力量，发挥整体效应。进一步落实领导责任，明确各级工会主要

领导为第一责任人，形成主要领导亲自抓、分管领导具体抓、职能部门共同抓、一级抓一级、层层抓落实的工作格局。推动建立上级工会对下级工会开展考核评价制度，建立健全基层工会目标管理、定期研究、工作通报等制度，加强督查指导，及时研究解决问题。下大力气抓好新时代职工之家建设，创新工作方式，丰富建家载体，以模范职工之家创建为引领，推动基层工会加强自身建设，形成以点带面、点面结合、整体推进的良性循环。

（二）切实解决基层工会“缺经费、缺办公场所、缺工作人员”等难题。

自 2014 年习近平总书记对加强基层工会建设作出“三个着力”重要指示以来，全国总工会连续开展基层工会建设年、落实年和“强基层、补短板、增活力”行动，加强基层组织建设、队伍建设和能力建设，基层工会“缺经费、缺办公场所、缺工作人员”有所缓解，基层工会工作呈现良性发展局面。新征程上，各级工会要坚持心往基层想、人往基层走、钱往基层投、事在基层办，加强对基层工会的指导服务，着力研究解决基层面临的突出问题。进一步加大力量投入，推动符合条件的企业配备专职工会干部，加强对社会化工会工作者的使用和管理，畅通职业发展通道，保障基层工会有人干事、能干成事。强化对基层工会干部的激励和保障，关心爱护基层工会干部，按照有关规定全面落实保障待遇，让他们在政治上有关心、经济上有保障、职业上有发展，增强基层工会干部的积极性和职业荣誉感。加大经费支持力度，坚持把工会经费向乡镇（街道）、开发区（工业园区）、村（社区）工会倾斜，按规定继续实施小额缴费工会组织工会经费全额返还支持政策，通过转移支付、项目化管理、定额补助等方式，把更多的经费直接用于服务职工群众。

（三）深入推进工会组织和工会会员实名制。

数据信息平台是直接服务职工的基础，没有真实有效的工会组织和工会会员实名制信息，精准服务就无从谈起。要建立健全基层工会和工会会员实名数据库，实现各级工会实名制数据源有效对接，汇聚全国工会组织和工会会员实名制数据，形成工会大数据资源，为工会数字化转型打好数据基础。创新思路和方法，推行手机扫码入会、网上入会等方式，拓宽入会通道，提升工作效率和水平。要进一步加强会员会籍管理的网络化、信息化，实现会员会籍管理由“无序流动”向“有序转接”转变。以工会组织和工会会员实名制数据为依托，推行“互联网+”普惠性服务，延伸工会服务职工的宽度、深度和广度，使服务职工更加精准、立体、便捷。

三、进一步加强对基层工会的分层分类指导

企事业单位工会是工会的重要组织基础和工作基础，是基层工会的主体力量，只有把企事业单位工会建好建强，基层工会才能真正转起来、活起来，才能真正发挥作用。要按照“巩固、发展、提高”的要求，以企事业单位工会为重点加强基层工会建设，构建上下贯通、纵横交织的网络化组织体系，做到哪里有职工群众、哪里就要有工会组织，怎么有利于服务职工群众、就怎么建设工会组织，努力实现基层工会工作全面进步、全面提高。

（一）全面推进互联网企业、平台企业建会扩面提质。

近年来，各级工会把互联网企业、平台企业作为组建工会的重点领域，持续推行“重点建、行业建、兜底建”模式，制定《关于加强互联网企业工会工作的意见》，推动全国互联网百强企业建会取得突破性进展。但互联网企业效益不稳定、生存期短、人员流动性大，加之业态灵活多样、组织结构多样，建会底数较难掌握，如何推动其全国分支机构、加盟企业建立工会组织，如何密切工会与会员联系、及时有效反映职工诉求，对各级工会来说是一个大挑战。要持续推动互联网企业、平台企业建会扩面提质，坚持党建带工建、工建服务党建，加强与网信办、互联网行业协会等的沟通协作，合力推进互联网企业工会工作。坚持分类指导、因企制宜，根据企业规模、职工人数、发展状况、企业意愿等实际情况，通过单独建、联合建、行业建、兜底建等多种方式，扩大企业组建率和职工入会率。发挥互联网企业、平台企业工会的示范带动作用，督促各自在全国分支机构、加盟企业等建立相应基层工会组织。坚持边组建边规范边发挥作用，指导互联网企业、平台企业建立健全职工代表大会制度，实行厂务公开，深入推进集体协商，加大劳动关系矛盾化解力度，帮助职工解决急难愁盼问题，提升工会维权服务质量效果。

（二）推进国有企业工会规范化建设。

国有企业是中国特色社会主义的重要物质基础和政治基础，是党执政兴国的重要支柱和依靠力量，注重发挥工会作用是国有企业的光荣传统，也是义不容辞的政治责任和社会责任。国有及国有控股企业工会组建要实现全覆盖，在下级企业、控股参股企业、投资项目等各个层面建立工会组织，在车间班组、经营网点、工程项目、服务窗口、科研团队等实现工会组织和工会工作全覆盖。认真贯彻《工会基层组织选举工作条例》等文件制度，依法依规选举工会主席，同步建立工会经费审查委员会、工会女职工委员会。切实纠正企业撤销工会或将工会合并到党群工作部门的现象。发挥国有企业工会示范辐射和带动作用，精心培育打造先进典型，运用现场会、观摩会、学习交流会和各种宣传阵地，及时总结宣传工作典型经验，营造良好工作氛围。

（三）持续推进非公有制企业和社会组织建会强会工作。

民营经济是推动我国经济社会发展不可或缺的力量，截至2023年3月底，全国登记在册民营企业数量超过4900万户，民营企业在企业总量中的占比达到92.3%，并且贡献了80%以上的城镇劳动就业。社会组织是全面建设社会主义现代化国家的重要力量，2021年各级民政部门共登记社会组织超过90万个，其中全国性社会组织2292个，吸纳就业人口1100多万。推进非公有制企业和社会组织建会强会十分重要，要持续加大力度推进。在巩固深化百人以上企业建会、新就业形态劳动者入会集中行动成果基础上，继续推动民营企业、台资企业、工商联执委单位建会扩面提质，不断完善“小三级”工会组织体系，积极探索社区网格工会、城市综合体工会等建会方式，带动小微企业应建尽建。组织开展推进社会组织建会专项行动，依托社会组织数据库，以在省级以上人民政府民政部门登记的社会组织和在各地民政部门登记的民办医院、学校、幼儿园等为重点，推动符合条件的社会组织依法建立工会组织，力争通过一段时间的努力，全国社会组织工会组建水平得到有效提升、取得明显突破。

（四）加强乡镇（街道）工会和区域性（行业性）工会联合会建设。

乡镇（街道）工会和区域性（行业性）工会联合会在工会组织体系中具有承上启下的重要地位。截至 2021 年底，全国共有乡级行政区划单位 38558 个、国家级经济技术开发区 230 家，乡镇（街道）、开发区（工业园区）工会承担地方工会和基层工会双重职责。区域性（行业性）工会联合会作为按照联合制代表制原则建立的基层工会联合体，在扩大工会组织覆盖和工作覆盖方面发挥着重要作用。各地工会应与党委组织人事部门、编制部门协商，推动把乡镇（街道）工会干部纳入各级党委组织人事工作总体安排进行培养使用，积极推动乡镇（街道）党（工）委副书记兼任总工会主席，通过“专、兼、挂”等方式配强乡镇（街道）工会领导班子成员。切实保障乡镇（街道）工会的工作经费，综合考虑乡镇（街道）辖区内企业数量、职工数量和工作实际情况，通过经费留成、上级工会补助、财政支持等方式，确保乡镇（街道）工会正常运行。加强区域性（行业性）工会联合会工会经费、办公场地、活动场所、服务阵地建设，建立专项经费，实施项目补贴，争取多方面、多渠道为区域性（行业性）工会联合会办公和开展活动提供必要的设施和活动场所。

四、持续为加强基层基础工作注入发展动力

基层工会工作是一项长期的基础性综合性全局性工作，需要上级工会加强指导和服务，广泛运用现代先进理念、先进工

具和先进方式，大幅增强基层工会组织效能，不断提高基层工会干部的能力水平，奋力开创新时代基层工会工作的新气象新局面。

（一）加强对基层工会建设的指导服务。

“上面千条线，下面一根针”，基层工会工作涉及面广，情况复杂多样，必须进一步完善大抓基层的工作格局。各级工会领导机关要切实担负起指导基层工会建设的重要职责，坚决克服脱离基层工会工作实际，提出要求过多过高、部署任务过重过急，对基层反应不敏捷、回应不及时等问题。要形成大抓基层的工作合力，工会领导机关主要抓好基层工会建设的总体规划、资源统筹、宏观指导和督促检查，为推进基层工会建设提供理论、法律、政策和信息等方面服务。制定具体实施意见，加强具体指导，集中时间、组织专人推动落实，帮助基层工会解决遇到的困难和问题。乡镇（街道）、开发区（工业园区）工会以及区域性（行业性）工会联合会要加强自身建设，抓好企业工会建设，发挥承上启下的重要作用。

（二）充分发挥县级工会在加强基层工会建设中的重要作用。

县级工会在我国工会组织体系中处于承上启下的重要地位，发挥着基础性和关键性作用。随着县域经济全面发展和产业转型升级加快，职工队伍结构发生深刻变化，用工形式和劳动关系日趋复杂，指导基层工会工作的任务更加繁重，职能作用更加凸显。要进一步提高思想认识，强化责任担当，坚持目标导向、问题导向、结果导向相统一，不断提高县级工会的组织力、战斗力、影响力。以新时代加强县级工会工作的意见为依据，锚定政治引领强、组织功能强、服务阵地强、制度机制强、发挥作用强目标，全面推进县级工会工作提质增效，着力把县级工会建设成工会组织体系的坚强堡垒。坚持问题导向，持续加大力度解决一些县级工会长期存在的人手短缺、组织薄弱、阵地缺失、经费不足、活力不够等问题。健全对县级工会长效支持保障机制，加大专项转移支付力度。建立健全上级工会领导机关对口联系指导县级工会的长效机制，为县级工会提供精准指导和服务。

（三）加强基层工会干部队伍建设。

基层工会干部队伍是基层工会赖以发挥作用的关键。要壮大基层工会干部队伍，推动职工二百人以上的企业工会依法配备专职工会主席，稳住基层工会干部队伍的基本盘。在同级党组织和上级工会的领导下，依法依规推进基层工会民主选举，确保工会主席和工会委员能够代表职工，为职工说话办事。大力培育工会积极分子和志愿者队伍，加强工会小组长、班组安全监督员等队伍建设，充分发挥其重要的基础性作用。加强社会化工会工作者队伍建设，完善社会化工会工作者管理办法，建立健全招聘录用、薪酬保障、培养教育、考核管理、激励发展等机制，确保持续稳定在 4.5 万人左右。采取统筹规划、分级实施、分类推进的方式，开展基层工会干部能力素质提升工作，制定培训规划，抓好组织实施，实现普遍轮训一遍的目标。

（四）常态化开展工会领导机关干部赴基层蹲点工作。

工会领导机关干部赴基层蹲点，是党中央对工会组织提出的明确要求，工会干部在蹲点单位做了大量细致有效的工作，推动解决一批涉及职工群众切身利益的问题。新征程上，要常态化开展蹲点工作，扩大覆盖面，提高频次，延伸触角，向基层一线下沉，持续为基层工会建设注入活力。抓好蹲点工作管理，形成系统、有效、规范的工作方法，使蹲点工作与工会重点工作、重点课题调研、试点工作“一盘棋”推进。逐步解决蹲点工作发现的共性问题，把蹲点成果转化为解决问题的务实举措，让工会服务直接触达职工群众。进一步强化考核激励，把蹲点工作表现作为干部日常考核、选拔任用、评先评优的重要依据，激励更多工会干部特别是年轻干部奔赴基层一线，走到职工身边，加深对职工的热爱、对劳动的热爱，急职工群众之所急、想职工群众之所想，承担好新时代党赋予工会的使命任务。

大力推进工会工作法治化

杜德军

中国工会十八大报告将贯彻全面依法治国部署要求，大力推进工会工作法治化作为专门章节进行论述，对各级工会认真贯彻落实党的二十大精神、推进工会工作法治化提出了明确要求。充分认识新时代新征程加强工会工作法治化建设的形势任务，不断提升工会工作法治化水平，是各级工会的重要责任。

一、推进工会工作法治化的重大意义

党的二十大报告对坚持全面依法治国、推进法治中国建设进行了新的部署，对推进工会工作法治化提出了更高要求。工会组织贯彻落实全面依法治国基本方略，提高工作法治化水平，是在建设法治中国背景下工会工作面临的重大课题，也是推进国家治理体系和治理能力现代化需要解决的一个重要问题。

（一）推进工会工作法治化是贯彻党的二十大精神，实施全面依法治国方略的必然要求。

党的十八大以来，习近平总书记以马克思主义政治家、思想家、战略家的非凡理论勇气、卓越政治智慧、强烈使命担当，在领导全面依法治国、建设法治中国的伟大实践中，创造性提出了一系列具有原创性、标志性的全面依法治国新理念新思想新战略，形成了习近平法治思想。2020 年 11 月 16 日至 17 日，中央全面依法治国工作会议首次正式提出习近平法治思想，强调习近平法治思想深刻回答了新时代为什么实行全面依法治国、怎样实行全面依法治国等一系列重大问题。习近平法治思想是马克思主义法治理论中国化的最新成果，是中国特色社会主义法治理论的重大创新发展，是习近平新时代中国特色社会主义思想的重要组成部分，是新时代全面依法治国必须长期坚持的指导思想。

党的二十大报告指出，全面依法治国是国家治理的一场深刻革命，关系党执政兴国，关系人民幸福安康，关系党和国家长治久安。要坚持走中国特色社会主义法治道路，全面推进国家各方面工作法治化。推进全面依法治国战略部署，是全党和全社会的共同任务。工会工作是党治国理政的一项经常性、基础性工作。工会工作法治化建设是法治国家、法治政府、法治社会一体建设的重要组成部分。工会组织要认真学习贯彻习近平法治思想，增强依法治会意识，以党的全面推进依法治国的精神和要求统领工会工作，不断推进工会工作法治化，使全面依法治国基本方略真正落实到工会各项具体工作中。

（二）推进工会工作法治化是适应劳动关系和职工队伍变化，做好维权服务工作的客观需要。

维护职工合法权益、竭诚服务职工群众是工会的基本职责，也是职工群众对工会最迫切的期望所在。新形势下，劳动关系领域发生了深刻变化，工会工作的对象、内容及环境条件也随之发生重大变化，工会工作面临着许多新的问题和挑战。特别是进入新发展阶段，新经济形态迅猛发展，以货车司机、网约车司机、快递员、外卖配送员等为代表的新就业形态劳动者大量涌现，带来了劳动关系的复杂化、去中心化、去雇佣化等新情况，给新就业形态劳动者的权益保障带来新的困难。

与此同时，随着我国社会主义市场经济的深入发展，职工队伍发生了深刻变化，职工队伍内部结构更加多元，导致职工思想和行为方式发生较大变化，职工群众的民主意识、参与意识更加强烈，价值取向和利益诉求更加多样化。职工利益诉求从追求生存权益向追求发展权益转变，从追求物质权益向追求民主权利、精神权益转变，从利益诉求同质化向差异化、多元化转变。比如，职工群众关心的热点难点问题，从过去就业住房、就学就医为主，已逐渐扩大到社会福利保障、贫富差距、公平正义等多个层面，涵盖了经济、政治、文化、生态等诸多领域。这些变化对工会干部提高政策法律素养、依法推动解决涉及职工合法利益的问题和诉求提出了新挑战新要求。应对新形势下工会维权服务工作面临的新情况新问题，必须大力推进工会工作法治化，在法治的轨道上努力构建和谐劳动关系。

（三）推进工会工作法治化是提升工会工作现代化水平，实现工会工作高质量发展的重要保障。

以中国式现代化全面推进中华民族伟大复兴给工会工作提出了更高要求。随着我国社会主要矛盾变化，职工群众的生活水平日益提高，对基层治理、公共服务的需求呈爆发式增长；互联网技术的日益发展，也给职工的生产生活方式带来巨大变化，职工获取信息、表达意愿、相互沟通、生活娱乐甚至部分生产工作都逐渐从线下转为线上。时代的发展变化和职工群众生产生活方式的不断进步，都要求工会采取更先进的工作方式、使用更先进的技术手段，在依法依规的前提下，提高工会工作现代化水平，更好地开展各项工作。

2021 年 12 月修订的《工会法》是明确工会法律地位和工

作职责的基本法律，是工会组织依法开展工作的重要制度保障。《工会法》对工会依据宪法和法律法规开展工作提出了明确要求。工会自身的管理运行是一个系统工程，工会的组织体制、运行机制、人财物管理等，都应当依法依规、科学合理，不断健全完善各项规章制度，保障工会工作的规范有序运行。贯彻落实《工会法》要求，完善工会内部管理制度，全面加强各项工作规范化建设，提高依法建会、依法管会、依法履职、依法维权水平，推进工会工作现代化，必须大力推进工会工作法治化，以工会工作法治化保障工会工作方式、手段现代化的顺利推进。

二、推进工会工作法治化建设的重点任务

推进工会工作法治化，必须牢牢把握工会工作的政治定位和工会组织的政治属性，把坚持党的领导作为工会工作法治化的政治立场、政治原则、工作准则和具体要求，重点做好立法源头参与、法律监督、法治宣传和法律服务等工作。

（一）推动完善劳动法律法规体系。

依法治国，立法先行。党的二十大报告强调，健全劳动法律法规，完善劳动关系协商协调机制，完善劳动者权益保障制度。报告还指出，完善以宪法为核心的中国特色社会主义法律体系。推进科学立法、民主立法、依法立法，统筹立改废释纂，增强立法系统性、整体性、协同性、时效性。中国工会十八大报告指出，推动完善劳动法律法规体系，参与推动新就业形态劳动者等涉及职工维权服务和工会领域的法律法规制定工作。科学完善的劳动法律法规体系，是工会依法开展维权服务工作的法律基础和保障。推进依法治会，提高工会工作法治化水平，

首先要融入依法治国的各项法律政策措施中，融入推进国家治理体系和治理能力现代化的进程中，推动完善劳动法律体系。

当前，与工会工作相关的劳动法律法规体系还存在不完善的方面，特别是新就业形态劳动者的立法保护还存在一些空白，数字经济发展给劳动法也带来很多挑战，亟需完善劳动基准立法，补齐劳动立法的短板，将部门劳动规章、地方劳动立法的成熟经验上升到国家立法层面，制定劳动法典，更好地规范劳动领域的社会关系。应抓住国家加强社会领域立法和劳动立法有利时机，加强与立法机关沟通协调，充分利用法律赋予的立法参与权，重点推动劳动合同、劳动报酬、劳动安全卫生、民主管理、社会保障等方面法律的健全完善，逐步建立和形成以《工会法》、《劳动法》、《劳动合同法》为主体，各项具体法律法规相配套的比较完善的职工合法权益法律保障体系。要紧盯重点立法领域，加大立法参与力度，特别是与新就业形态劳动者利益相关的法律，如基本劳动标准法、集体合同法、企业民主管理法、产业工人队伍建设法等方面，以及其他涉及职工群众切身利益的立法、政策制定出台方面，应更加积极主动，加强调查研究，及时提出涉及工会和职工法律法规的立改废释建议，将工作成功经验和正确的方针政策上升为法律法规，从源头上维护职工合法权益。要有效加大参与涉及职工利益的政策法规的制定和修改力度，通过政府与工会联席会议制度、协调劳动关系三方机制等途径和渠道，主动参与政府有关部门企业工资指导线、劳动力市场指导价位和最低工资标准的制定和调整。推动健全完善以职工代表大会为基本形式的企事业单位民主管理制度，依法参与涉及职工切身利益的规章制度或者重大事项的制定和完善，推动企事业单位依法、民主、科学管理。

（二）强化劳动法律执行监督。

法律的生命力在于实施，法律的权威也在于实施。法治建设在“有法可依”基本解决后，需要更全面、更充分、更扎实地去贯彻执行法律。建设中国特色社会主义法治体系，必须形成严密的法治监督体系，充分发挥包括社会监督在内的各种监督形式的积极作用，确保“有法必依”。工会劳动法律监督是法治监督体系的重要组成部分，是工会行使群众监督、社会监督权利的具体形式。劳动法律监督也是工会工作法治化建设的重要内容，是保障工会法律实施的基本途径。没有监督权，工会的其他法定权利也难以有效行使。工会要充分认识和把握工会劳动法律监督在全面依法治国中的目标和任务，自觉融入全面依法治国进程，加强实践探索和法治支撑，努力形成主动依法科学监督的制度机制，在社会主义法治建设中彰显工会作为。

当前，我国的工会劳动法律监督制度以《宪法》、《劳动法》、《工会法》为原则，以《工会劳动法律监督办法》为直接依据，还有一些需要加强和改进的地方。如工会劳动法律监督组织建设各地发展仍不均衡，基层工会的劳动法律监督组织覆盖率有待提高；基层工会劳动法律监督员的素养有待提升；工会劳动法律监督还缺乏必要的手段，权威性不足。中国工会十八大报告，就加强工会法律监督工作提出了明确要求，提出要强化法律法规执行，推动健全涉职工和工会工作的法律监督制度，建立健全与执法检查、行政执法等协作配合机制，推广实施劳动法律监督“一函两书”制度。壮大工会劳动法律监督员、劳动保护监督检查员、劳动争议调解员、兼职仲裁员等工会法律人才队伍，等等。这些都是加强工会法律监督的具体举措。此外，还可以积极建议和配合人大执法检查、政府行政执法、政协委员视察，推动严格执法。重视联系媒体，充分发挥新闻媒体作用，加强对劳动违法行为的舆论监督。推动完善劳动违法失信行为惩戒机制，推动企业履行社会责任。积极借助智慧工会建设和工会数字化转型优势，创新工会劳动法律监督方式，打造“互联网+工会”的劳动法律监督模式，将监督触角进一步延伸。

（三）切实加强工会法治宣传。

加强工会法治宣传，就是要提高工会工作者和广大职工对法律法规的知晓度、法治精神的认同度、法治实践的参与度。中国工会十八大对加强工会法治宣传提出明确要求，指出要落实全国工会法治宣传教育五年规划，丰富法治宣传教育形式内容，增强职工群众法治观念，推动形成尊法、学法、守法、用法风气。当前，一些工会组织尤其是个别基层工会组织领导干部，对推进工会工作法治化建设的重要性和必要性认识还不够，一些工会干部法治意识淡薄，依法维权意识和能力欠缺，不善于运用法治思维和方式指导、推进工作。加强工会法治宣传，提高职工群众法治观念和法律素养仍任重道远。要积极探索创新群众喜闻乐见的普法方法和线上线下相结合的普法模式，充分调动各级地方工会积极性，积极打造工会“大普法”格局。注重用工会法律实践案例，彰显工会工作法治化的实践意义，使工会干部和职工群众发自内心地尊法、学法、懂法、用法、守法，自觉做到以法治思维看待问题，用法治方式解决问题。积极培育法治文化和法治精神，为大力推进工会工作法治化创造良好氛围。

要突出学习宣传习近平法治思想，引导广大工会工作者和职工群众深刻理解习近平法治思想的重大意义、丰富内涵、精神实质和实践要求，坚定不移走中国特色社会主义法治道路；把习近平法治思想作为各级工会党组（党委）理论学习中心组重点学习内容，作为各级工会干部培训班重点课程，推动工会领导干部带头学习、模范践行。要突出宣传宪法，深入持久在工会工作者和广大职工中开展宪法宣传教育活动，结合国家宪法日，开展“宪法宣传周”集中宣传活动，组织引导全会上下和广大职工自觉学习宪法、崇尚宪法、遵守宪法、维护宪法权威；突出宣传工会法，深刻理解工会法的丰富内涵和实践要求，把法律要求转化为实际行动，共同推动工会法确立的各项制度得到有效贯彻执行，从而把党的意志和主张落实到职工群众中去，不断增强工会组织的吸引力、凝聚力、战斗力。要适应新就业形态发展和促进劳动关系和谐稳定需要，深入宣传与职工权益密切相关的法律法规，积极开展《民法典》、《劳动法》、《劳动合同法》、《劳动争议调解仲裁法》、《社会保险法》、《法律援助法》、《安全生产法》、《职业病防治法》、《保障农民工工资支付条例》等法律法规宣传；适应统筹发展和安全的需要，深入宣传总体国家安全观，组织开展维护国家安全、社会稳定相关法律法规的普法宣传活动，为切实维护劳动领域政治安全营造良好的法治氛围。

（四）着力做好法律服务工作。

工会法律服务工作是工会依法代表和维护职工合法权益的重要手段，也是工会服务体系建设的重要内容。中国工会十八大报告提出了加强工会法律服务工作的重点措施，包括加快推进工会法律服务体系建设，叫响做实“尊法守法·携手筑梦”服务职工公益法律服务行动。加强与司法行政部门沟通协作，发挥法律援助工作者作用，进一步加大职工法律援助工作力度，等等。其中，工会法律援助是政府法律援助的必要补充，要根据新发展阶段工会服务对象的多元化以及服务对象需求的多元化，有针对性地调整法律援助的范围，积极创新工会法律援助的形式，切实拓宽并疏通广大职工的法律援助渠道；同时，着力推进工会法律援助机制化建设，不断完善工作制度和运行机制，更好地发挥工会法律援助的优势作用。

进入新发展阶段，职工群众法律意识不断增强，劳动矛盾纠纷也日益复杂，职工群众对工会法律服务工作有了更多的新要求、新期盼。工会作为党联系职工群众的群团组织，应该主动作为，帮助职工群众通过合法渠道、正常途径，合理伸张利益诉求，促进社会公平正义。因此，必须继续全面加强工会法律服务，不断提高工会法律服务工作的针对性和有效性。要注重坚持推动工会法律服务社会化的大格局，借助专业的社会法律资源力量为职工提供优质高效的维权服务，这是推进工会法律服务工作的创新举措和有效途径。要积极争取更多的资源和手段，建立健全工会与公安、司法、信访、人社等部门的沟通协作，形成职责明确、部门协同、运作科学的维权服务制度和运行体系。要坚持开门办会，主动做好与政府服务窗口的政策衔接、网络互通、信息共享，找准工会法律服务工作的契合点，增强吸纳、利用社会资源的能力。通过购买社会服务、职工服务公益创投等方式，组织引导更多的社会服务类组织特别是律师协会等专业法律团体参与工会法律服务工作，搭建社会化法律服务平台，不断提升工会法律服务效能。与此同时，要适应信息化发展需要，加强工会法律服务信息化建设，充分利用互联网模式提高工会法律服务的覆盖率和影响力，将法律服务融入更便捷、更高效的网络形式，积极整合工会网站、微博、微信公众号的在线服务功能，不断增强在线法律咨询和服务能力。

三、提高运用法治思维法治方式开展工会工作的能力

习近平总书记指出，“各级领导机关和领导干部要提高运用法治思维和法治方式的能力”。法治思维能力，就是增强尊法、学法、守法、用法意识，善于运用法治方式治国理政的能力。提高法治思维能力，要求增强法治观念，自觉在法治轨道上运用法治思维和法治方式想问题、作决策、办事情。推进工会工作法治化，就要努力增强工会干部运用法治思维和法治方式开展工作的能力，提高工会组织决策、执行、监督的制度化水平，推动改革发展，维护职工权益，协调劳动关系，促进社会稳定。

（一）强化法治意识，提高法律素养。

牢固树立宪法法律意识，弘扬法治精神，坚持在宪法法律的框架范围内谋划推进工作。增强法治观念，提高法治素养，自觉以法治思维看待问题，用法治方式解决问题，养成办事依法、遇事找法、解决问题用法、化解矛盾靠法的法治思维习惯，作决策、办事情做到于法有据、程序正当，自觉将法律的规定、法律的精神作为工会思想与行为的准则，始终对法律怀有敬畏之心，牢记法律红线，坚守法律底线。努力掌握法治知识，充分发挥工会“大学校”作用，完善工会干部学法用法制度，把宪法和与职工切身利益及工会活动密切相关的法律法规列入党委（党组）中心组学习内容，列为工会各级各类培训班的必修课程，推进工会干部学法用法常态化、制度化。要通过举办法律法规专题培训班、专家讲座、研讨交流会、典型案例分析等

多种形式，集中组织工会干部系统地学习相关法律法规，特别是熟练掌握涉及职工切身利益和工会活动的法律知识，做到学法、懂法、用法、守法，切实提高依法开展工作能力。

（二）加强法治理论研究，推进制度化规范化建设。

不断深化工会工作法治化理论研究，为加强工会工作法治化建设提供法理依据和支撑。要坚持从中国实际出发，在全面建设社会主义现代化国家、全面深化改革、全面依法治国、全面从严治党的战略布局中，针对劳动关系领域和工运事业发展的新情况新问题，围绕工会工作法治化建设新任务新要求，与时俱进地研究法治理论，指导工作实践。要加强工会院校、理论研究机构建设，借助法学院校和研究机构力量，为工会工作法治化建设提供智力支持。系统总结工会工作法治化建设经验，研究建立工会工作法治化建设规划计划、指标体系、建立健全工会工作法治化建设的制度机制，加强对工会工作法治化督查评估方法体系的研究，不断推进工会工作法治化自身科学规范运行。通过将法治理论研究与法治实践紧密结合，用先进的法治理论指导实践，在鲜活的法治实践中发展理论，不断夯实工会工作法治化的理论基础和实践基础。

（三）壮大法律人才队伍，提高依法办事能力。

工会法治人才队伍建设是大力推进工会工作法治化建设的坚强保障。要不断培养大量的工会法律人才，进而带动整个工会干部队伍的法治水平，提高运用法治思维和法治方式解决实际问题的能力。要加强工会法律工作人员队伍建设统筹，不断壮大法律人才队伍。鼓励、帮助工会干部取得劳动关系协调员、协调师等资格，发展工会劳动法律监督员、劳动保护监督检查员、劳动争议调解员、兼职劳动争议仲裁员、法律援助工作者等工会专门人才队伍。探索建立社会化工会法律工作者队伍，重点充实各级地方工会特别是基层工会法律工作力量，解决基层工会法律工作人才短缺问题。联合教育部、司法部和全国律师协会建立健全工会法律工作志愿服务机制，积极吸引律师、法律专业学者、高校师生等社会法律人才力量参与职工法律服务。要加强政治引领、实践锻炼和专业训练，努力建设一支政治坚定、业务精通、作风过硬的工会法治工作人才队伍。加强对工会法律顾问、公职律师、劳动法律监督员、劳动争议调解员和兼职仲裁员等工会专业法治人才的培养和使用，为其依法履职创造机会、搭建平台、提供条件。合理调配工会内部现有法律人才，把善于运用法治思维和法治方式推动工会工作的人才培养好、使用好，努力做到学有所用、人尽其才。

深化工会改革和建设

龚　岩

2023年10月23日，习近平总书记同全国总工会新一届领导班子成员集体谈话并发表重要讲话，强调指出要继续深化工会改革和建设，牢固树立大抓基层的鲜明导向，夯实基层基础，激发基层活力，不断增强基层工会的引领力、组织力、服务力。中国工会十八大报告明确提出，深化工会改革和建设，有效发挥党联系亿万职工群众的桥梁纽带作用。深入贯彻党的二十大决策部署、全面落实中国工会十八大的部署安排，必须牢牢把握党中央对群团改革部署要求，聚焦增强政治性、先进性、群众性，构建联系广泛、服务职工的工会工作体系，以将改革进行到底的信心决心，推动思想再解放、改革再深入、工作再抓实，增强工会工作的动力活力，有效发挥工会的桥梁纽带作用。

一、始终坚持工会改革和建设的正确政治方向

党的十八大以来，习近平总书记高度重视工人阶级和工会工作，出席中央党的群团工作会议、三次出席工会全国代表大会并同全国总工会新一届领导班子成员集体谈话，两次出席全国劳动模范和先进工作者表彰大会等重要会议，亲自审定工会改革方案和新时期产业工人队伍建设改革方案，还在有关国内考察、回信贺信中作出重要指示，为工会改革和建设指方向、定方针、交任务、提要求。

2023年9月，《习近平关于工人阶级和工会工作论述摘编》出版发行，共8个专题，其中压轴的专题就是“深入推进工会改革创新”，共32段论述，充分体现了习近平总书记对推进工会改革创新的深刻思考和统筹谋划。这些重要论述，涵盖了深入推进工会改革创新的方方面面，既点出了“怎么看”的问题，也讲清了“怎么干”的方法；既阐明了工会改革创新的必要性重要性，也指出了如何改革创新的着力点落脚点，是习近平总书记关于全面深化改革的重要论述在工会系统的具体展开。

习近平总书记的重要论述中，在基本定位上，强调时代在发展，事业在创新，工会工作也要发展、也要创新；工会改革是全面深化改革的重要组成部分。在改革主线上，强调必须紧紧围绕保持和增强政治性、先进性、群众性这条主线，强化问题意识、改革意识，着力解决突出问题。在改革目标上，强调要将改革进行到底，健全联系广泛、服务职工的工会工作体系，把工会组织建设得更加充满活力、更加坚强有力。在制度建设上，强调工会要总结95年来的成绩和经验，坚持和完善自觉接受党的领导制度、发挥工人阶级主力军作用制度、强化职工思想政治引领制度、劳动关系协调机制等，努力提高工会工作能力和水平。在方式方法上，强调要坚持为党分忧、为民谋利，从群众需要出发开展工作、深化改革，眼睛向下、面向基层，改革和改进机关机构设置、管理模式、运行机制，坚持力量配备、服务资源向基层倾斜。在能力本领上，强调要增强改革创新本领，保持锐意进取的精神风貌，善于结合实际创造性推动工作，善于运用互联网技术和信息化手段开展工作；要有做群众工作的本领和经验，懂得群众的语言和习惯，熟悉群众的愿望和心声，善于运用新形势下群众工作方式方法。在队伍建设上，强调群团干部有不同于党政干部的特点，应该采用符合群团组织特点的干部管理方式，加强对工会干部的教育、管理、监督。在推进方式上，强调党的群团改革创新是一项系统工程，要搞好顶层设计，看准了的可以先改，方向对头但办法还不成熟的可以先试。在领导力量上，强调各级党委要负起组织推进群团改革的责任，正确把握方向，及时了解情况，认真解决难题，以改革推动群团组织提高工作和服务水平。

习近平总书记的重要论述，内涵丰富、思想深刻，深入回答了深化工会改革和建设一系列方向性、根本性、战略性问题，为推动工会改革不断向纵深发展提供了根本遵循。这就要求我们深入学习贯彻习近平总书记的重要论述，把保持和增强政治性、先进性、群众性作为工会工作的根本标尺和长期任务，自觉运用改革精神谋划工会工作，坚持眼睛向下、面向基层，创新组织体制、运行机制、活动方式、工作方法，在建机制、强功能、增实效上下功夫，不断增强改革的内驱力、影响力、凝聚力。

二、充分认识工会改革和建设面临的形势任务

党的十八大以来，全国总工会和各级工会坚持以习近平新时代中国特色社会主义思想为指导，认真学习贯彻习近平总书记关于工人阶级和工会工作的重要论述，着力增“三性”、去“四化”，有力有序有效推进工会改革创新，在一些重点领域和关键环节上实现突破，取得了重要阶段性成果。党对工会组织的领导得到全面加强。全国总工会和各级工会始终把增强“四个意识”、坚定“四个自信”、做到“两个维护”作为根本政治要求，健全贯彻落实习近平总书记重要指示批示、党中央重大

决策部署制度和向党中央请示报告工作制度，充分发挥党组织领导核心作用，不断增强坚持党的领导的政治自觉和行动自觉。重点改革任务举措得到有效落实。全国总工会作为改革试点单位先行先试，成立专门领导机构、制定改革方案，明确任务、细化措施、压实责任，推动改革有力有序展开。制定实施《深化工会改革创新实施方案》、《中国工运事业和工会工作“十四五”发展规划》，分阶段、有步骤地推进工会改革创新，推动新时代党的工运事业和工会工作实现全面进步、全面提高。制约工运事业发展的突出问题得到逐步解决。深入查找“四化”问题具体表现，剖析原因、深挖病灶，对症下药、精准施策。在改革机构设置、优化机关职能、提高领导机构基层一线人员比例、建设专兼挂相结合的干部队伍、常态化联系基层、建设网上群团以及推进向新经济组织、新社会组织覆盖等方面，出台许多硬招实招，推动解决了一些长期以来困扰的矛盾和问题。地方和基层工会改革得到有力推进。全国总工会在抓好自身改革的同时，加强对省级及以下改革的统筹指导，着力破解基层基础薄弱难题，保证改革顺利推进。通过深化改革，工会组织的领导体制、运行机制、工作方式、干部结构发生深刻变革，机构设置、工作布局、力量配比、日常运行全方位向主责主业聚焦，全面加强了党的领导，大大提升了联系服务职工群众的能力，改革改出了干部队伍精气神、改出了工会工作新活力、改出了工运事业新气象。

当前，中国工会处在为党和国家中心工作发挥更大作用的机遇期，处在更深层次更高水平推进工会改革的攻坚期，处在推动工运事业和工会工作高质量发展的窗口期，工会工作的对象、领域、范围、方式、环境等发生了许多新的变化，面临许多新的机遇和挑战。要看到，习近平总书记和党中央对工会深化改革和建设的要求更高了。党的十九届三中、四中全会都对群团组织改革提出了新要求，党的二十大报告明确指出：“深化工会、共青团、妇联等群团组织改革和建设，有效发挥桥梁纽带作用。”以中国式现代化全面推进中华民族伟大复兴，要求全总和各级工会紧紧围绕党的中心任务，从职工群众最需要的问题入手，从解决工会工作最薄弱的问题做起，积极探索实践，推动新征程工会工作创新发展。要看到，职工群众对工会深化改革和建设的期待更大了。面对新形势新任务，要真正履行好“忠诚党的事业、竭诚服务职工”的使命，必须在制度体系、思想体系、组织体系和保障体系上实现治理和能力的现代化，才能真正把工会的维权服务直接、及时、高效送达每一个职工心上、手中。要看到，时代和科技快速发展变化对工会深化改革和建设的推动力更足了。当前，世界新一轮科技革命和产业变革加速演进和拓展，科技创新正在深刻改变世界发展格局。只有适应新技术的发展和职工群众海量的日新月异的需求，综合运用好数字化、网联化和人工智能、大数据等先进技术手段，全维度、全领域、全链条加强数字化建设，实现数字化赋能，才能真正满足职工群众的需求。也要看到，工会自身存在的深层次问题迫切需要深化改革和建设来破解。比如，工会工作的目标性、计划性不够，不少工作只有一般性描述没有明确的定量或对比性指标；工作创造性、创新性不够，没有将党的创新理论更好指导实践，惯性思维、路径依赖现象比较明显，不能很好适应新时代新要求；宣传工作的传播力、吸引力、影响力、公信力还有差距，新媒体、融媒体等发展和运用还不够，等等。这些问题都需要我们通过深化改革和建设勇于破题、开创新局。

三、持续推动工会改革和建设走深走实

中国工会十八大报告从“持续深化工会机关改革”、“健全完善工会组织体系”、“健全完善资金资产管理体系”、“全面加快工会系统数字化建设”4个方面，对工会深化改革和建设作出了部署，从领导机构、组织体系、管理方式、工具手段4个主要维度阐述了深化工会改革和建设的着力点，具有很强的针对性、指导性和可操作性。

（一）持续深化工会机关改革。

全国总工会和各级工会机关是推进工会改革的领导机构，大部分思路、政策、举措等都是由机关制定的，可谓改革的“神经中枢”。然而，一旦工会机关对改革或持观望态度，或暮气沉沉，或敷衍塞责，那么，深化工会改革和建设就会沦为一句空话、成为空中楼阁。改革首先要从自身改起，保持刀刃向内的魄力，这是改革取得成功的关键所在。

完善创新工作体系。工会有着优良的传统，形成了很多传承有序的工作体系，比如组织动员职工群众建功立业的工作体系等。然而，深化改革就是在继承传统基础上，以提高效率、增强效能为重点，用创新的方法破解难题，着眼构建系统完备、科学规范、运行高效的工会工作体系。解构工会工作内容，形成若干个一级体系，每个一级体系下，分若干二级子体系，二级子体系由具体工作项目构成。突出导向性、遵循可操作性，推动构建工会工作指标量化体系。推动工会业务结构化、要素化和标准化，为工会工作专业化奠定基础。

打造品牌化工作载体。持续打造朗朗上口、容易记住，引人注目、辨识度高，体现工作特点、职工喜闻乐见的工会工作

品牌。叫响做实“中国梦·劳动美”主题教育、送温暖、送清凉、金秋助学、职工医疗互助等传统工作品牌。做大做强大国工匠创新交流大会、大国工匠论坛、工会服务站点双15工程、全国工会“12351”职工维权服务热线等新兴工作品牌。鼓励各地立足自身基础，挖掘特色优势，围绕职工群众日益增长的美好生活需要，打造服务职工试点品牌项目，提供因地制宜、百花齐放的差异化服务。

努力树立创新思维。强化固化传统业务、管理，注意总结经验，加强对改革措施落实情况的评估和跟踪问效，及时调整完善，形成可复制、可推广的经验。针对新情况新问题新要求，进行全方位创新，敢于打破常规，看准的就及时上升为制度机制，看不准的及时开展试点，从而保证改革不断线、创新不止步。推进理论创新，认真贯彻落实习近平总书记关于工人阶级和工会工作的重要论述，健全完善学习贯彻、创新落实的制度性安排，深化理论研究、学理阐释。推进实践创新，鼓励基层凡是党要求的、职工需要的就大胆创新创造。推进体制创新，改进完善不适应新时代要求的组织体制、运行机制和活动方式，做到民有所呼、我有所应。

（二）健全完善工会组织体系。

工会组织体系是深化改革的重要依托，也是深化改革的重点所在。纵向到底、横向到边的组织体系，为工会围绕中心、服务大局奠定了坚实的组织基础。同时，工会在上下联动、基层基础、组织效能等方面，仍存在一些需要破解的难题。

构建全国总工会、产业工会、地方工会、基层工会之间高质高效的矩阵网络系统。全国总工会对重点工作进行统筹规划、统一部署，成立由主要领导和分管领导担纲的领导小组，实现统筹协调、顶层规划，统一部署、统一行动、统一标准。产业工会、地方工会根据全国总工会统一部署，结合本产业、本地方实际，研究确定具体实施方案。基层工会及时推动工作落实，反映工作中存在的问题和职工需求。各级工会之间上下左右协调联动，各级工会内部各部门协同协作，真正实现共建共享。

着力扩大有效覆盖。加快建立健全基层组织体系，大力推行“重点建、行业建、兜底建”模式，完善“小三级”工会建设、夯实基层基础、激发基层工会活力等方面的制度机制，建立健全纵横交织、条块结合的组织体系，推动改革向基层延伸，做到哪里有职工、哪里需要做工作，工会组织和工会工作就跟进到哪里。

大幅提高组织效能。组织效能的实现不仅靠组织的协调联动，还要靠现代先进理念、先进工具和先进方式的广泛运用。比如，传统科层制对信息流的流程设计以自上而下流动为主，而自下而上的信息流动成本极高，更不用说跨部门的沟通，需要先从本部门自下而上流动，再跨到另一个部门层层传递，中间信息流动丢失的时间成本、效率成本是非常高的，要通过先进的 OA 办公系统实现信息的有效沟通。

（三）健全完善资金资产管理体系。

工会工作现代化需要加快构建一整套系统完备、科学规范、运行高效的工会工作体系，推进工会组织全方位、全链条、全要素现代化，其中，健全完善资金资产管理体系处于重要位置。

创新工会财务管理。加强工会财力建设，完善转移支付制度，实施工会经费分成改革，逐步形成权责清晰、财力协调、区域均衡的工会经费分配关系。深化工会经费收缴改革，理顺经费收缴体制，深化工会电子票据改革，推动工会经费应收尽收。深化工会经费使用改革，根据服务对象、服务内容的变化，适度拓展工会经费使用范围，建立资金直达机制，确保将更多的工会经费直接用在职工群众身上。建立健全财务监督工作责任制，突出对重大改革、重点项目、重要资金的监督，推动财务监督全覆盖。

加强工会资产管理。坚持公益性服务性方向，推进工会资产标准化规范化建设，深化职工服务阵地社会化市场化运营改革，深化工人文化宫、职工疗休养院（所）清理整改，健全工人文化宫标准体系，突出职工疗休养服务品牌建设，努力提升工会资产服务效能，确保工会资产安全完整、保值增值和有效利用。按照“关口前移、主动作为，加强监管、防控风险，狠抓落实、促进发展”的总体要求，扎实开展资产管理专项监督检查工作，确保监督检查全过程、全覆盖。

严格工会经费审查审计监督。梳理优化工会经审工作流程，完善工会经审工作内部控制机制，完善以国家审计为指导、以工会经审组织为主体、以社会审计为补充、以职工会员监督为基础的工会常态化经审监督体系。健全完善审计发现问题整改长效机制，推动落实被审计单位整改主体责任、被审计单位主要负责人整改第一责任人责任。

做好综合考核。落实《全国总工会本级企事业单位经营业绩考核办法》，完善考核内容和考核指标，扎实推进考核结果运用。坚持定期监管，建立月度监管机制，每月对企事业单位开展一次监督检查，加强对工会企事业重大事项的监管，重大事项要及时报告、一事一报，发现问题及时纠偏。强化激励约束，对做得好的单位要及时表扬表彰，对做得不好的、有问题的单位要及时指出、给予批评。

（四）全面加快工会系统数字化建设。

工会数字化建设要以全总数字化平台为枢纽，构建总体标准统一、部分创新差异的跨层级、跨地域、跨行业的全国数字工会“一张网”，做到底层数据唯一、业务体系标准统一、系统体验基本一致，共同建设、共同创造、共享成果，打造工会工作升级版。

加快建设全国统一的工会服务标准终端。在总结、汇集当前各级工会服务终端的基础上，创建直达亿万职工群众、集成工会全部服务内容、全国统一的工会服务标准终端；规范、创建全国统一的工会服务标准内容；发挥地方、产业工会积极性，创建差异化特色服务内容；建设全国工会数字身份系统，统一身份认证，实现一键全通。让亿万职工群众享受“一键入会”、“一网全通”，以及高效、实时、精准的“一终端全维服务”。

建立数字化基础工作体系。制定全国统一的数字化技术架构、应用架构及其相应标准；建设服务平台应用接入中心，统一各地应用接入接口标准；建设应用遴选分发平台，提供标准开发接口；制定服务平台运维标准；制定全国统一的工会数据标准，实现工会数据资源共享交换；建立全国工会统一的数据分析模型，开发标准的工会工作管理驾驶舱。

建设并发挥全国工会“12351”职工维权服务热线作用。将全国工会“12351”职工维权服务热线纳入全国统一的工会服务平台，作为其中一个子系统；将全国工会信访工作、“工会主席信箱”等渠道全部整合进全国工会“12351”职工维权服务热线，实现职工投诉“一站式”受理。

建设“全国连通、各地运转”的数字化办公系统。推进办公业务体系化、数字化；建设跨层级、跨地域、跨产业、跨工作部门的协同办公系统，实现全国工会系统互连互通；通过大数据收集、标准建模和人工智能运用，建设工会工作驾驶舱，辅助各级工会决策；加快创建线上工会、云上课堂、线上援助、数字展馆等一系列线上、云上产品和服务，强化线上线下融合，倍增服务能力和效果。

构建数字化媒体矩阵群。构建覆盖各级工会报、网、端、微、屏等多种载体的强连接、高协同融媒体矩阵体系，提升工会舆论影响力；以职工需求为导向，优化信息分发策略，建强信息推送矩阵，提升工会信息触达率；按照“一次采集、多方多次使用”的原则，实现数据资源共建共创共享，提高宣传生产效率与传播效率；加强统筹和协调，形成各级各类媒体同频共振的网上宣传生态。

（五）加强对工会改革和建设的组织领导。

把蓝图变成现实，离不开领导责任的落实。贯彻落实中国工会十八大的部署安排，关键是要有重点、有步骤、有秩序抓好工会改革和建设措施的组织实施工作，把自上而下的改革和自下而上的改革结合起来，不断增强改革和建设的针对性、科学性、实效性。

坚持顶层设计。坚持以党的创新理论为科学指引，以习近平新时代中国特色社会主义思想为指导，深入学习贯彻习近平总书记关于全面深化改革特别是关于群团改革的重要论述，同习近平总书记关于工人阶级和工会工作的重要论述结合起来理解、贯通起来落实，确保工会改革和建设始终沿着正确方向前进。把深化工会改革和建设放到党和国家工作大局、全面深化改革中去思考、去把握、去推进。聚焦保持和增强政治性、先进性、群众性的目标方向，做到凡是不符合“三性”的都要坚决地改，凡是能增强“三性”的都要坚决地做。

坚持系统观念。优化资源配置，抓好重大改革任务攻坚克难，统筹全局、把握重点，聚焦工会工作现代化等重大问题谋划推进改革。建立健全全年工作大计划、各部门月度工作计划检查点评机制以及周工作循环机制，建立党组周例会制度和一级、二级重大工作周度检查布置制度，强化月度工作计划点评和日常工作“即时表扬、即时批评”机制，确保改革有序推进。加大督查工作力度，扩点拓面、究根探底，对改革举措成效如何要刨根问底、掌握实情。

坚持问题导向。强化问题意识、问题导向，着力破解制约工会工作高质量发展的重点难点问题和薄弱环节。比如，在基层工会改革方面，基层改革还有差距，改革向纵深推进、向一线延伸不够；在新就业形态劳动者维权服务和建会入会方面，劳动者对劳动报酬、平台规则制定、社会保险、职业安全等突出问题仍然反映强烈，等等，工会改革和建设要奔着问题去、盯着问题改，敢于攻坚克难、啃“硬骨头”，真正破解那些长期想解决而未解决的难题，让职工群众看得到实实在在的效果。

坚持开门改革。工会的改革是面向全体职工的改革，是打造全体职工利益共同体的改革，这就决定工会的改革不是关起门来、自说自话的改革。工会改革和建设要大兴调查研究之风，坚持眼睛向下、脚步向下，广泛征求职工群众意见，集思广益、众志成城，把职工群众的所思所想转变为工会接地气的改革举措，努力把各级工会组织建设成为名副其实的职工之家，使所有工会干部都成为职工群众信赖的娘家人、贴心人。

加强工会和职工对外交流交往合作

张　泽

中国工会十八大报告提出，加强工会和职工对外交流交往合作，建立健全与港澳台工会和劳动界的交流合作机制，积极开展工会双多边国际交流。工会和职工对外交流交往合作是我国民间外交的重要组成部分，对于增进同各国工人阶级的相互理解和友谊，深化同世界各国工会的友好关系与务实合作，增进世界各国劳动者的福祉，推动构建人类命运共同体有着重要作用。

一、坚持工会和职工对外交流交往合作的正确政治方向

党中央高度重视工会和职工对外交流交往合作。在中国革命、建设、改革各个历史时期，党和国家领导人都曾就工会和职工对外交流交往合作作出重要指示批示，并多次出席工会双边、多边会议。实践证明，坚持党的领导，工会和职工对外交流交往合作才能始终确保正确政治方向，沿着中国特色社会主义工会发展道路不断前进。

（一）始终坚持党对工会和职工对外交流交往合作的领导。

党的二十大报告指出，“坚持党的全面领导是坚持和发展中

国特色社会主义的必由之路，中国特色社会主义是实现中华民族伟大复兴的必由之路”。党是最高政治领导力量，党的集中统一领导是中国外交的最大政治优势，中国特色社会主义是中国外交的源泉和根基。新时代工会和职工对外交流交往合作要自觉接受党的领导，坚决维护习近平同志党中央的核心、全党的核心地位，坚决维护党中央权威和集中统一领导，深刻领悟“两个确立”的决定性意义，增强“四个意识”、坚定“四个自信”、做到“两个维护”。要全面贯彻党的基本理论、基本路线、基本方略，不折不扣将党中央对外大政方针和决策部署贯彻到工会对外交流交往合作各项工作中去，不断提高政治判断力、政治领悟力、政治执行力，始终在政治立场、政治方向、政治原则、政治道路上同以习近平同志为核心的党中央保持高度一致。

（二）自觉服务国家总体外交。

做好工会和职工对外交流交往合作，必须不断提高政治站位，从战略和全局的高度思考谋划工会和职工对外交流交往合作，不折不扣地贯彻落实党中央确定的外交方略，紧密结合工会实际创造性地开展工作，承担起新时代赋予工会和职工对外交流交往合作的新使命和新任务。工会和职工对外交流交往合作是一个系统工程，是工会全部工作在对外交往领域的延伸和展开，各方需要强化统筹协调，有所侧重、相互配合，形成和巩固党总揽全局、协调各方的对外工作大协同局面，切实承担起实现中华民族伟大复兴、推进人类进步事业的历史重任。新时代工会和职工对外交流交往合作要牢固树立对外工作“一盘棋”的观念，从党和国家工作大局的高度来思考、谋划和推进工作。各级工会组织要积极主动向同级党委、上级工会组织请示汇报工会和职工对外交流交往合作，自觉把工会和职工对外交流交往合作融入党和国家的对外工作、地方经济建设、工会全局工作，在同级党委和上级工会组织的领导指导下，与地方有关部门有力配合，确保党中央对外战略部署落到实处。

二、建立健全与港澳台工会和劳动界的交流合作机制

中国工会十七大以来，各级工会组织充分发挥工会群众性特点，扎实推进工会港澳台工作，深化同港澳台工会和职工的交流合作，促进港澳长期繁荣稳定和祖国和平统一。下一步，要加强工会和职工对外交流交往合作，建立健全与港澳台工会和劳动界的交流合作机制，增强港澳职工爱国思想，团结台湾职工坚定反“独”促统。

（一）建立健全与港澳工会和劳动界的交流合作机制。

港澳工运是中国工运重要而特殊的组成部分，全国总工会坚决贯彻落实中央对港澳工作方针政策，把工会港澳工作作为重要工作内容进行谋划和部署，充分发挥工会港澳工作在国家港澳工作全局中的重要作用。长期以来，中华全国总工会与港澳工会和劳动界开展了广泛的交流与合作，为发展壮大爱港爱澳力量，增进广大港澳职工的爱国热情，形成更广泛的支持“一国两制”的统一战线作出了重要贡献。要进一步加强内地各级工会组织和港澳工会的交流交往，联合协作开展职工职业技能竞赛，做好在内地工作的港澳职工参加当地劳动模范、五一劳动奖章等荣誉称号的推荐评选工作，持续办好港澳工会“五一”代表团、港澳工会青年研讨营等品牌交流活动，发展

壮大爱国爱港爱澳力量。要加强粤港澳三地工会协调合作，围绕粤港澳大湾区建立职工服务体系，支持港澳工会依法开展内地服务工作，构建粤港澳大湾区工会工作新格局。

（二）建立健全与台湾工会和劳动界的交流合作机制。

两岸工会和职工是推动两岸关系和平发展的重要力量。近年来，两岸职工不断加强交流交往，特别是连续多年举办海峡职工论坛，坚持围绕工会工作和职工交流，取得了丰硕的成果，形成了两岸职工全方位、宽领域、多层次交往的可喜局面，得到了两岸广大职工的广泛认同和支持，为推动两岸关系和平发展作出了重要贡献。要办好海峡职工论坛，坚持面向基层、面向职工、面向民生，把论坛打造成两岸职工深入交流、切磋技艺、良性互动的沟通平台。要办好台湾工会青年研讨营，让两岸青年互相交流了解、培养友谊，深掘工会特点、创新交流方式，共同深入思考青年在实现中华民族伟大复兴中国梦征程中应肩负的历史重任。要继续推进工会更多惠台措施的落地生效，不断增进两岸职工福祉，为两岸关系和平发展打下更为坚实的群众基础、创造更为有利的民间环境。要继续推动在大陆工作的台湾职工参与劳动和职业技能奖项的评选，积极营造尊重劳动、崇尚技能、鼓励创造的浓厚社会氛围，为台湾同胞在大陆更好地学习、创业、就业、生活创造良好条件，提供更加广阔的平台。

三、积极开展工会双多边国际交流

工会十七大以来，中国工会利用民间外交的独特优势，面向国际劳工界广泛宣传党的二十大、党的十九大及党的十九届历次中央全会精神，宣讲习近平新时代中国特色社会主义思想，介绍中国近年来取得的辉煌成就，宣传有中国特色社会主义工会道路，不断扩大我国工会的“朋友圈”，树立了从容自信、成熟稳健的大国工会新形象，为新时代中国特色社会主义建设营造了有利的外部环境。下一步，要积极开展工会双多边国际交流，加强同各国工会组织、区域和国际工会组织的交流合作，厚植构建人类命运共同体理念，增进同各国工人阶级的友谊。参与全球劳工治理和工会南南合作，增强发展中国家工会在国际劳工事务中的代表性和发言权。

（一）厚植构建人类命运共同体理念。

构建人类命运共同体是习近平新时代中国特色社会主义思想特别是习近平外交思想的重要组成部分，是新时代中国外交的总目标，也是世界各国的共同责任和历史使命。自提出至今，人类命运共同体理念的内涵不断丰富、发展和完善，在国际社会赢得越来越广泛的认同。当前，世界之变、时代之变、历史之变正以前所未有的方式展开。构建人类命运共同体的历史远见和时代意义更加凸显。中国是这一理念的倡导者、实践者和引领者。新时代工会和职工对外交流交往合作要深入学习贯彻构建人类命运共同体理念，深刻理解其丰富内涵和重大意义，面向国际劳工界大力宣传这一理念以及中国推进构建人类命运共同体理念积累的实践经验，讲好中国故事、中国工人阶级故事、中国工会故事，促进民心相通、文化相融，让人类命运共同体理念在国际劳工界得到更广泛的理解和认同。

（二）巩固与广大发展中国家工会的友谊。

广大发展中国家是我国在国际事务中的天然同盟军，始终是我国外交战略的“基本盘”。党的十八大以来，以习近平同志为核心的党中央在保持外交大政方针延续性和稳定性的基础上，积极运筹、锐意进取，开展了一系列重大外交活动，丰富和发展了对发展中国家的外交理论与实践。新时代工会和职工对外交流交往合作在推进与发展中国家工会组织关系的过程中，要坚持正确的义利观，秉持公道正义，坚持平等相待，在涉及对方核心利益和重大关切的问题上相互支持，维护发展中国家共同利益。要积极对接国家间合作框架及各国发展战略，深化同广大发展中国家工会的交流与务实合作，拓展工会南南合作的深度和广度，团结扶持知华友华力量，多做得人心、暖人心的事，使广大发展中国家工会和劳动者对我更友善、更亲近、更认同、更支持，不断扩大工会“朋友圈”。

共建“一带一路”是我国扩大对外开放、促进国际合作的重要举措。坚持以共商共建共享为原则推动“一带一路”建设，既对新时代我国开放空间布局进行了统筹谋划，又对中国与世界实现开放共赢的路径进行了顶层设计，是新时代中国特色大国外交的重大创举，是我们党关于对外开放理论和实践的重大创新。新时代工会和职工对外交流交往合作要积极开展与“一带一路”沿线国家工会组织和职工的交流交往活动，做深做实做细“一带一路”职工人文交流、产业工人技能国际交流、沿线国家工会干部汉语研修奖学金等工会品牌项目，搭建沿线国家中资企业与有关国家工会组织的交流沟通平台，推动海外中资企业维护职工合法权益。办好服务“走出去”企业的工会干部专题培训班、中外职工交流会等活动，加强信息沟通、经验分享，解疑释惑、增强互信，为夯实“一带一路”民意基础和社会基础作出贡献。

（三）加强同各国工会组织、区域和国际工会组织的交流合作。

面对复杂的国际政治经济形势，工会组织加强团结合作，跨国、跨地区工会合作渐成趋势，工会组织更加注重通过国际多边平台和合作机制来参与和影响相关劳工政策、规则和标准的制定与实施，进而提升工会在全球治理体系改革、应对新一轮技术变革中的话语权和影响力。在各国工会组织的大力推动和积极参与下，国际劳工组织先后于 2019 年、2021 年通过了《百年宣言》和《全球行动呼吁》，为各国共同构建更加美好的劳动世界、应对新冠疫情冲击提供了行动指南和现实路径。二十国集团框架下的社会伙伴对话会、二十国集团劳动会议和金砖国家合作机制框架下的金砖国家工会论坛等，业已成为各自区域范围内反映工会和劳动者现实诉求、协调和磋商劳动社会政策的重要平台。

新时代工会和职工对外交流交往合作要着眼国家发展战略，有针对性地做重点国家、重要组织、重点人物的工作，开展高层会晤、增强政治互信，加强对话沟通、寻求更多利益交会点，通过举办专题研讨、从双方共同感兴趣的话题等入手凝聚更多共识，为加强与大国工会组织和国际性、区域性工会组织的沟通协调夯实基础。

四、坚持推动全球劳工治理体系改革

（一）在劳工领域践行真正的多边主义。

习近平总书记指出，世界上的问题错综复杂，解决问题的出路是维护和践行多边主义，推动构建人类命运共同体。二十一世纪的多边主义要守正出新、面向未来，既要坚持多边主义的核心价值和基本原则，也要立足世界格局变化，着眼应对全球性挑战需要，在广泛协商、凝聚共识基础上改革和完善全球治理体系。新时代工会和职工对外交流交往合作在参与国际劳工事务的过程中，要坚持维护以联合国为核心的国际体系，维护以国际法为基础的国际秩序，反对一切形式的单边主义，反对国际劳工事务中霸权主义和强权政治的行径，反对搞针对特定国家的阵营化和排他性小圈子。要团结一切可以团结的力量，巩固和扩大与广大发展中国家工会的友谊与合作，坚持和践行共商共建共享的全球治理观，以公平正义为理念引领全球劳工治理体系变革，坚持对话而不对抗、包容而不排他，携手应对全球挑战、促进全球发展，推动国际工运秩序向更加公正合理的方向发展。

（二）参与全球劳工治理和工会南南合作。

坚持中国特色社会主义道路自信、理论自信、制度自信、文化自信，体现了新时代中国的国家意志、民族精神和国际形象，是开展对外工作的力量之源和信念之基。坚持以中国特色社会主义为根本增强战略自信，是新时代中国对外工作必须遵循的根本要求。新时代工会和职工对外交流交往合作要始终高举中国特色社会主义伟大旗帜，在国际劳工事务中，更加自信地展示我国国家制度和国家治理体系的显著优势，更加自信地参与国际劳工领域会议议题的设置、国际劳工标准及规则的制定、国际组织重要职位的选举和推荐，更加自信地推进落实全球发展倡议、工会南南合作、支持扩大发展中国家在国际劳工事务中的代表性和发言权，坚定维护发展中国家工会的合理诉求和正当权益，引领全球劳工治理体系改革的前进方向，展现中国精神、中国价值、中国力量。

（三）不断提高工会干部对外交流交往的能力和水平。

党的干部是党和国家事业的中坚力量。当前，国际形势波诡云谲、周边环境复杂敏感、改革发展稳定任务艰巨繁重，对外工作的任务更加繁重、使命更加光荣。新时代工会和职工对外交流交往合作要坚持以党的政治建设为统领，把党的建设落实到干部队伍建设全过程，着力培养建设一支忠于党、忠于国家、忠于人民，政治坚定、业务精湛、作风过硬、纪律严明的工会和职工对外交流交往合作者队伍。要心怀“国之大者”、统筹“两个大局”，在工会和职工对外交流交往合作上展现新气象新作为。要坚持底线思维、保持战略定力，敢于斗争、善于斗争，将原则的坚定性和策略的灵活性有机结合，建设和巩固国际民间统一战线。要加强业务学习，不仅要熟悉党和国家方针政策、了解我国国情，还要具有全球视野、通晓国际规则、精通国际谈判，不断提升中国工会在国际劳工事务中的参与度和话语权，为营造于我有利的外部劳工环境，推动实现中华民族伟大复兴的中国梦、构建人类命运共同体作出新的更大贡献。

推动工会系统党的建设高质量发展

赖金金

中国工会十八大报告把“落实新时代全面从严治党要求，推动工会系统党的建设高质量发展”作为今后五年工作的重点任务进行专门部署，这对于工会系统各级党组织落实新时代党的建设总要求，持之以恒推进工会系统全面从严治党向纵深发展具有重要的意义，必将为新时代新征程党的工运事业和工会工作高质量发展提供坚强政治保证。

一、深入学习贯彻习近平总书记关于党的建设的重要思想

中国工会十八大报告强调，深入学习贯彻习近平总书记关于党的建设的重要思想。党的十八大以来，习近平总书记围绕建设什么样的长期执政的马克思主义政党、怎样建设长期执政的马克思主义政党的重大时代课题，突出全面从严治党这个主题主线，提出一系列管党治党、兴党强党的新理念新思想新战略，指引我们党成功开辟了百年大党自我革命新境界。2023 年 6 月召开的全国组织工作会议首次正式提出“习近平总书记关于党的建设的重要思想”的重大命题，并以“十三个坚持”系统阐述了这一重要思想的丰富内涵。

坚持和加强党的全面领导。习近平总书记指出，中国特色社会主义最本质的特征是中国共产党领导，中国特色社会主义

制度的最大优势是中国共产党领导，党是最高政治领导力量。党的领导是全面、系统、整体的，必须全面、系统、整体加以落实。必须健全总揽全局、协调各方的党的领导制度体系，完善党中央重大决策部署落实机制，把党的领导落实到管党治党、治国理政各领域各方面各环节。

坚持以党的自我革命引领社会革命。习近平总书记指出，党的自我革命是我们党为跳出历史周期率给出的“第二个答案”，勇于自我革命是我们党最鲜明的品格。党面临的“四大考验”、“四种危险”将长期存在，必须时刻保持解决大党独有难题的清醒和坚定，健全全面从严治党体系，全面推进党的自我净化、自我完善、自我革新、自我提高，不断以党的自我革命引领社会革命。

坚持以党的政治建设统领党的建设各项工作。习近平总书记指出，党的政治建设是党的根本性建设，决定党的建设方向和效果。必须把党的政治建设摆在党的建设首位，把准政治方向，坚持党的政治领导，夯实政治根基，涵养政治生态，防范政治风险，永葆政治本色，提高政治判断力、政治领悟力、政治执行力，确保全党在政治立场、政治方向、政治原则、政治道路上同党中央保持高度一致，确保党的团结统一。

坚持江山就是人民、人民就是江山。习近平总书记指出，打江山、守江山，守的是人民的心。必须始终不忘初心、牢记使命，坚持以人民为中心的发展思想，坚持全心全意为人民服务的根本宗旨，把人民对美好生活的向往作为党的奋斗目标，树牢群众观点，贯彻群众路线，尊重人民首创精神，始终保持同人民群众的血肉联系，始终与人民同呼吸、共命运、心连心。

坚持思想建党、理论强党。习近平总书记指出，拥有马克思主义科学理论指导是我们党坚定信仰信念、把握历史主动的根本所在。必须坚持马克思主义基本原理同中国具体实际相结合、同中华优秀传统文化相结合，不断谱写马克思主义中国化时代化新篇章。要坚持不懈用习近平新时代中国特色社会主义思想凝心铸魂，弘扬伟大建党精神，教育引导党员干部筑牢信仰之基、补足精神之钙、把稳思想之舵。

坚持严密党的组织体系。习近平总书记指出，党的力量来自组织。党的全面领导、党的全部工作，要靠党的坚强组织体系去实现。必须完善上下贯通、执行有力的组织体系，增强党组织政治功能和组织功能，把中央和国家机关建设成为讲政治、守纪律、负责任、有效率的模范机关，把地方党委建设成为坚决听从党中央指挥、管理严格、监督有力、班子团结、风气纯正的坚强组织，把基层党组织建设成为有效实现党的领导的坚强战斗堡垒。

坚持造就忠诚干净担当的高素质干部队伍。习近平总书记指出，党的干部是党和国家事业的中坚力量。必须坚持党管干部原则，坚持德才兼备、以德为先、五湖四海、任人唯贤，坚持新时代好干部标准，严格把好政治关、廉洁关。加强干部思想淬炼、政治历练、实践锻炼、专业训练，坚持“三个区分开来”，坚持严管和厚爱结合，完善干部担当作为激励机制，更好激发广大干部的积极性、主动性、创造性。

坚持聚天下英才而用之。习近平总书记指出，国家发展靠人才，民族振兴靠人才。必须坚持党对人才工作的全面领导，坚持人才引领发展的战略地位，加快建设世界重要人才中心和创新高地，加快建设国家战略人才力量，全方位培养、引进、用好人才，深化人才发展体制机制改革，加强政治引领和政治吸纳，把各方面优秀人才集聚到党和人民事业中来。

坚持持之以恒正风肃纪。习近平总书记指出，党风问题关系执政党的生死存亡。必须紧紧围绕保持党同人民群众的血肉联系，锲而不舍落实中央八项规定精神，持续深化纠治“四风”，重点纠治形式主义、官僚主义，坚决破除特权思想、特权行为。全面加强党的纪律建设，督促领导干部特别是高级干部严于律己、严负其责、严管所辖，对违反党纪的问题，发现一起坚决查处一起。

坚持一体推进不敢腐、不能腐、不想腐。习近平总书记指出，腐败是危害党的生命力和战斗力的最大毒瘤，反腐败是最彻底的自我革命。必须坚持不敢腐、不能腐、不想腐一体推进，惩治震慑、制度约束、提高觉悟一体发力，坚决查处政治问题和经济问题交织的腐败，坚决防止领导干部成为利益集团和权势团体的代言人、代理人，坚决打赢反腐败斗争攻坚战持久战。

坚持完善党和国家监督体系。习近平总书记指出，监督是治理的内在要素，在管党治党、治国理政中居于重要地位。要健全党统一领导、全面覆盖、权威高效的监督体系，完善权力监督制约机制，以党内监督为主导，促进各类监督贯通协调，让权力在阳光下运行。推进政治监督具体化、精准化、常态化，增强对“一把手”和领导班子监督实效，发挥政治巡视利剑作用，确保人民赋予的权力始终用来为人民谋利益。

坚持制度治党、依规治党。习近平总书记指出，加强党内法规制度建设是全面从严治党的长远之策、根本之策。必须完善党的自我革命制度规范体系，扎细扎密扎牢制度的笼子，以党章为根本，以民主集中制为核心，不断完善党内法规制度体系，增强党内法规权威性和执行力，形成坚持真理、修正错误，发现问题、纠正偏差的机制，为新时代党的建设提供根本性、全局性、稳定性、长期性保障。

坚持落实全面从严治党政治责任。习近平总书记指出，从严治党，必须增强管党治党意识、落实管党治党责任。必须压实各级党委（党组）全面从严治党主体责任，推动各级党委（党组）书记扛起第一责任人责任，落实“一岗双责”，强化专责机关监督责任，压力层层传导、责任环环相扣，推动党建责任落实落地。

这“十三个坚持”集中概括了习近平总书记关于党的建设的重要思想，深刻阐明了党的建设的根本原则、科学布局、价值追求、重点任务。习近平总书记关于党的建设的重要思想，博大精深、内涵丰富，以一系列原创性成果极大丰富和发展了马克思主义建党学说，标志着我们党对马克思主义执政党建设规律的认识达到了新高度，为深入推进新时代党的建设新的伟大工程提供了根本遵循。新征程上，加强工会系统党的建设，最紧要的是把这一重要思想领会深、把握准、落到位。工会系统各级党组织要把学习贯彻习近平总书记关于党的建设的重要思想作为加强工会系统党的建设的一项重大政治任务抓紧抓好，深刻领会其鲜明的理论原创性、强大的实践引领力、系统的科学方法论，自觉用以武装头脑、指导实践、推动工作，把学习成果转化为推动工会系统党的建设高质量发展的强大动力。

二、坚持以党的政治建设为统领

中国工会十八大报告强调，以党的政治建设为统领全面加强党的各项建设。在党的建设总体布局中，政治建设是“灵魂”和“根基”，是管总、管根本的，对党的其他建设具有统领提携、纲举目张的作用。党的政治建设抓好了，党的建设就立了标、铸了魂。工会组织作为党领导下的工人阶级群众组织，首先是政治组织，工会工作作为党治国理政的一项经常性、基础性工作，首要是政治工作，政治性是第一位的要求。这就要求工会系统各级党组织必须始终坚持把党的政治建设摆在首位，以党的政治建设统领党的各项建设，确保工会工作始终沿着正确政治方向前进。

坚持和加强党中央集中统一领导。党的二十大报告强调，全面建设社会主义现代化国家、全面推进中华民族伟大复兴，关键在党；党的领导是全面的、系统的、整体的，必须全面、系统、整体加以落实。党政军民学，东西南北中，党是领导一切的，是最高政治领导力量，居于总揽全局、协调各方的领导地位。工会系统各级党组织要把坚持党中央集中统一领导作为最高政治原则，深刻领悟“两个确立”的决定性意义，增强“四个意识”、坚定“四个自信”、做到“两个维护”，不断提高政治判断力、政治领悟力、政治执行力，始终在政治立场、政治方向、政治原则、政治道路上同以习近平同志为核心的党中央保持高度一致。要坚持工会接受同级党委和上级工会双重领导、以同级党委领导为主的组织领导体制，完善党中央重大决策部署和习近平总书记重要指示批示贯彻落实机制，健全全总党组向党中央、各级工会党组织向同级党委请示报告工作制度，推动党中央决策部署不折不扣在工会系统落地见效，做到“党有号召、工会有行动”。

坚持不懈用习近平新时代中国特色社会主义思想凝心铸魂。政治上的清醒来自理论上的清醒，政治上的坚定来自思想上的坚定。习近平新时代中国特色社会主义思想是当代中国马克思主义、二十一世纪马克思主义，是中华文化和中国精神的时代精华，是党和人民实践经验和集体智慧的结晶，是全党全国各族人民为实现中华民族伟大复兴而奋斗的行动指南。新时代坚持习近平新时代中国特色社会主义思想，就是坚持正确的政治方向。工会系统各级党组织要持续巩固深化学习贯彻习近平新时代中国特色社会主义思想主题教育成果，完善理论学习长效机制，落实党委（党组）理论学习中心组学习制度，突出党的创新理论在党员干部教育培训中的首课、主课地位，引导党员干部持续在以学铸魂、以学增智、以学正风、以学促干上下功夫，自觉做习近平新时代中国特色社会主义思想的坚定信仰者、积极传播者、忠实实践者，真正把党的创新理论转化为坚定理想、锤炼党性、指导实践、推动工作的强大力量。要持之以恒加强理想信念教育，使党员干部的理想信念牢固建立在对科学理论的理性认同、对历史规律的正确认识、对基本国情的准确把握上，牢固树立共产主义远大理想和中国特色社会主义共同理想，做到虔诚而执着、至信而深厚，筑牢信仰之基、补足精神之钙，挺起共产党人的精神脊梁。

严明党的政治纪律和政治规矩。中国共产党是靠革命理想和铁的纪律组织起来的马克思主义政党，严明政治纪律是我们党的优良传统和政治优势，是永葆党的先进性和纯洁性的关键环节。政治纪律和政治规矩是党最根本、最重要的纪律，遵守政治纪律和政治规矩是遵守党的全部纪律的基础。工会系统各级党组织要把坚定拥护“两个确立”、坚决做到“两个维护”作为首要政治纪律，持续深化政治机关建设和模范机关创建，大力开展对党忠诚教育，教育引导党员干部始终对党忠诚老实，自觉坚持以党的旗帜为旗帜、以党的方向为方向、以党的意志为意志，切实做到党中央提倡的坚决响应、党中央决定的坚决执行、党中央禁止的坚决不做，真正把拥护“两个确立”、做到“两个维护”体现在行动上，落实到工作中，始终做政治上的明白人。要突出政治监督，加强对“一把手”和领导班子的监督，重点强化对“一把手”和领导班子对党忠诚、践行党的性质宗旨，贯彻落实党的路线方针政策和党中央重大决策部署，依规依法履职用权、担当作为、廉洁自律等方面的监督，通过抓好“关键少数”带动“绝大多数”，营造风清气正的政治生态。要发挥政治巡视利剑作用，扎实做好党组内部巡视工作，不断提高巡视工作规范化、专业化水平，加强巡视整改和成果运用，巩固深化巡视整改成果。

三、持之以恒推进工会系统全面从严治党

党的二十大报告指出，全面从严治党是党永葆生机活力、走好新的赶考之路的必由之路；强调全党必须牢记，全面从严治党永远在路上，党的自我革命永远在路上，决不能有松劲歇脚、疲劳厌战的情绪，必须持之以恒推进全面从严治党，深入推进新时代党的建设新的伟大工程，以党的自我革命引领社会革命。全面从严治党是新时代党的自我革命的伟大实践，也是新时代党治国理政的鲜明特征和党的建设的鲜明主题。工会系统各级党组织要深刻领悟“两个永远在路上”的政治考量，严格落实党中央关于全面从严治党的决策部署，以更大力度推动工会系统全面从严治党向纵深发展。

坚决扛起全面从严治党政治责任。推进工会系统全面从严治党，关键在强化责任担当，根本在从严抓好落实。工会系统各级党组织要强化主业主角意识，严格落实全面从严治党主体

责任，加强统筹谋划，制订周密计划，压紧压实责任，一体推进思想建设、队伍建设、业务建设，把全的要求、严的基调、治的理念体现到主体责任落实全过程各环节，推动构建统一协调、各负其责的管党治党责任格局。党组织书记要把管党治党作为最根本的政治担当，牢固树立“抓好党建是本职、不抓党建是失职、抓不好党建是不称职”的观念，推动党建责任层层落实落地，把党建工作抓实、抓细、抓到位，切实把“第一责任人”的责任扛起来。领导班子成员要做到严于律己、严负其责、严管所辖，认真抓好分管部门、分管领域的党建工作，加强督促检查和具体指导，切实把“一岗双责”落下去。机关党委、机关纪委要发挥专职专责作用，统筹做好组织协调、监督检查、推动落实等工作，协助抓好全面从严治党各项工作。要全力支持、配合和保障派驻纪检监察组履行职责，自觉接受监督，定期开展工作会商，主动报告管党治党工作情况。

扎实推进全面从严治党制度体系建设。党的二十大报告中强调“坚持制度治党、依规治党”，并将其作为坚定不移全面从严治党、完善党的自我革命制度规范体系的一项重要举措。党的十八大以来，以习近平同志为核心的党中央着眼党长期执政和国家长治久安，高度重视制度治党、依规治党，全方位、立体式加快推进党内法规制度体系建设，为坚持和加强党的全面领导，坚持党要管党、全面从严治党提供了坚强制度保障。工会系统各级党组织要把制度体系建设作为推进全面从严治党的根本之策、长远之策，对标对表党中央关于全面从严治党部署要求，全面梳理落实党内法规的制度办法，及时做好制度文件立改废释工作，最大限度发挥制度体系管党治党效能。要针对巡视巡察、审计监督、财务检查、典型案件中发现、暴露出来的制度漏洞和监督盲区，健全完善有效管用的制度体系和防控机制。要强化制度落实，严格执行意识形态督查、年度考核、述责述廉、个人事项报告等制度，加强对制度执行情况的监督检查，严格落实问责机制，不断增强制度的刚性约束。

坚持以严的基调强化工会系统正风肃纪反腐。在二十届中央纪委二次全会上，习近平总书记强调要“永远吹冲锋号，把严的基调、严的措施、严的氛围长期坚持下去”。“严”是我们党的鲜亮底色和独特优势，是新时代党的建设的重要经验，必须坚定不移长期坚持。无论是作风问题、纪律问题，还是腐败问题，都具有顽固性、反复性，只有严字当头、一严到底才能收到实效。工会系统各级党组织要锲而不舍落实中央八项规定精神，推进作风建设常态化长效化，持续纠治“四风”问题，重点纠治形式主义、官僚主义，引导党员干部增强对职工群众的感情，密切同职工群众的联系。要坚持把纪律和规矩挺在前面，开展经常性纪律教育和警示教育，综合运用监督执纪“四种形态”，抓早抓小、防微杜渐，把铁的纪律转化为党员干部日常习惯和自觉遵循。要保持正视问题的自觉和刀刃向内的勇气，紧盯关键少数、重点领域和薄弱环节，严格工会经费、工会资产审查审计监督，严格规范评比表彰、工程建设项目，加强廉洁风险点排查和防控，坚持有腐必反、有案必查，一体推进不敢腐、不能腐、不想腐。

四、加强工会系统党的组织体系建设

中国工会十八大报告强调，强化党组织政治功能和组织功能，加强工会系统党的组织体系建设。严密的组织体系是党的优势所在、力量所在。党的力量来自组织，党的全面领导、党的全部工作要靠党的坚强组织体系去实现。政治属性是党组织的根本属性，政治功能是党组织的基本功能；组织功能服务于政治功能，是发挥党组织政治功能的基础和保证。两者相辅相成、内在同一，只有“两个功能”都增强，党的政治优势、组织优势才能充分发挥。工会系统各级党组织要聚焦增强党组织政治功能和组织功能，认真履行党章赋予的各项职责，把党的方针政策和党中央决策部署贯彻落实好，把广大职工群众团结引导好。

坚持大抓基层的鲜明导向。基层党组织是党的肌体的“神经末梢”，是党的全部工作和战斗力的基础。只有基层党组织坚强有力，党员发挥先锋模范作用，党的根基才能牢固，党才能有战斗力，党的领导也才能落实落地。建设好党的组织体系这座大厦，必须让组织体系的经脉气血畅通起来，让党支部强起来。工会系统各级党组织要把抓基层打基础作为长远之策和固本之策，持续推进“政治功能强、支部班子强、党员队伍强、作用发挥强”党支部建设，织密联系服务职工群众的桥梁纽带，畅通贯彻落实党中央决策部署的“最后一公里”，把基层党组织建设成为有效实现党对工会的领导的坚强战斗堡垒。要做好经常性的发展党员工作，严格贯彻发展党员“控制总量、优化结构、提高质量、发挥作用”的总要求，把从严治党的要求贯彻发展党员过程始终，保证党员发展的质量。要坚持从严管理党员，加强党员全方位教育管理，引导党员立足岗位争创一流，在推动高质量发展、维护社会稳定、联系服务职工中挑重担、当先锋、打头阵，以模范行为为党旗增光添彩。

严肃党内政治生活。严肃认真的党内政治生活是提升党组织政治功能的重要法宝，是广大党员干部锤炼党性的“大熔炉”，是纯洁党风的“净化器”。工会系统各级党组织要把严肃党内政治生活作为推动全面从严治党向纵深发展的基础性工程，严格执行《关于新形势下党内政治生活的若干准则》，着力提高党内政治生活质量。要增强党内政治生活的政治性，强化政治教育和政治引领，让党员干部经常接受政治体检，打扫政治灰尘，净化政治灵魂，增强政治免疫力。要增强党内政治生活的时代性，主动适应信息时代新形势和党员队伍新变化，积极运用互联网、大数据等新兴技术，创新党组织活动内容方式，推进“智慧党建”，使党内政治生活始终充满活力。要增强党内政治生活的原则性，坚持按原则开展党的工作和活动，按原则处理党内各种关系，按原则解决党内矛盾和问题，严格执行党的组织生活制度，认真召开民主生活会和组织生活会，提高“三会一课”质量，落实谈心谈话、民主评议党员和主题党日等制度，坚持和完善重温入党誓词、党员过“政治生日”等政治仪式，使党内生活庄重、严肃、规范。要增强党内政治生活的战斗性，坚持以整风精神开展批评和自我批评，勇于思想交锋、揭短亮丑，旗帜鲜明坚持真理、修正错误，统一意志、增进团结，建立健全民主生活会列席指导、及时叫停、责令重开、整改通报等制度。

打造忠诚干净担当的高素质工会干部队伍。工会干部是党的干部队伍的重要组成部分，承担着忠诚党的事业、竭诚服务职工的重要工作职责。工会系统各级党组织要充分发挥领导和把关作用，认真贯彻新时代党的组织路线，全面加强工会干部队伍建设，为新时代新征程工会工作高质量发展提供坚实组织保障。要构建工会干部育选管用工作体系，改进完善干部考察制度机制，将政治标准作为选人用人第一标准，把政治忠诚、政治定力、政治担当、政治能力、政治自律放在首要位置，把好干部标准落到实处。要完善干部考核评价体系，探索建立管思想、管工作、管作风、管纪律的干部管理机制，着力打造信得过、靠得住的工会干部队伍。要完善工会干部培训体系，搭建工会干部培训锻炼平台，着力提高政治能力、思维能力、实践能力，增强推动高质量发展本领、服务群众本领、防范化解风险本领。积极开展“县级工会加强年”专项工作，持续深化工会领导机关干部基层蹲点活动，不断增强工会干部推动高质量发展本领、服务群众本领、防范化解风险本领。要健全工会干部干事创业激励机制，正确运用容错纠错机制，积极营造有利于干事创业的良好环境，以鲜明的态度为担当者担当、为负责者负责、为干事者撑腰，激励工会干部担当作为。

后　记

中国工会第十八次全国代表大会，是在我国迈上全面建设社会主义现代化国家新征程、向第二个百年奋斗目标进军的关键时刻召开的一次十分重要的大会。中国工会十八大报告是指导新时代新征程工会工作高质量发展的重要文件。为便于各级工会组织、广大工会干部及关心工会工作的各界读者学习领会中国工会十八大精神，理解把握中国工会十八大报告内容，我们组织编写了《中国工会十八大报告辅导读本》一书。

全国总工会对本书的编写高度重视，成立编委会，由全国总工会党组书记、副主席、书记处第一书记徐留平任主编，全国总工会副主席、书记处书记、党组成员，中国工会十八大文件起草组组长魏地春任副主编，全总党组、书记处其他领导同志任编委。

参加本书编写的人员是（按姓氏笔画排列）：马骥、王利中、石毅、冯永光、杜德军、李阳、李羿、李睿祎、张泽、徐世鼎、徐田成、陶志勇、赖金金、裴朝锋、廖枢权。全书由全国总工会研究室主任、中国工会十八大文件起草组常务副组长王利中负责统稿。

由于编写水平有限，时间仓促，书中难免有不妥之处，敬请广大读者批评指正。

编　者

2023 年 10 月